評伝

日本の経済思想

武藤山治

日本的経営の祖

山本長次

日本経済評論社

はしがき

武藤山治《さんじ》（一八六七―一九三四）は、近代日本を代表する一企業であった鐘淵紡績株式会社（鐘紡）の中興の祖であるとともに、「日本的経営の祖」といわれた経営者であった。また、慶應義塾の出身で福沢諭吉（一八三五［天保五年一二月］―一九〇一）を信奉し、経済的自由主義も信条とした。さらに、彼は既成政党に対抗する形で政党・実業同志会を結成し、政界革新につとめるとともに、晩年は福沢がおこした時事新報社の経営再建と、併せて評論活動にもあたった。

さて、本書では、そのような武藤の企業や政治を革新していく思想と活動について、彼の人物形成、鐘紡及び時事新報社の経営、政治活動、評論活動の中にみていくことを課題とする。そこでは、彼が自由主義思想にもとづき、従業員を優遇していくことで鐘紡が高収益企業となり、彼らが定着することで長期雇用の慣行を現出したこと、さらに政治活動の中では、いわゆる「小さな政府」の実現や行財政改革を唱えつつも、生活弱者の救済のために救護法の制定に貢献したこと、そして、政財界活動や評論活動の中で一貫して、政財界間の独立した関係をあるべき姿として訴え続けたことに注目していく。

なお、武藤の生涯は多彩であるが、ここでは、彼が専門経営者として鐘紡経営において一人一業主義を貫いたことに軸を据えている。彼が政界活動に乗り出すのは、今日の会長職に当たる社長就任後であり、また、彼の政界活動における自由主義的政策の提唱や、社会政策の実施等は、鐘紡経営の政治的具現化と捉えている。そして武藤に対して、企業の再建や設立の依頼もあったが、それらも鐘紡経営者の立場として対応し、役員を兼任することはなかった。さらに、政界引退後の時事新報社の再建時にも一社に専念し、経営や評論活動にあたった。この時期、大阪において、政治教育の場として国民会館の建設が進められていたが、生前に訪れたのは開館式が行われた時、一度だけであった。

そして本書では、武藤の革新や創造の原動力を、彼の自由主義に求めている。この点は、彼が福沢諭吉から学んだこと、三井銀行への勤務時や鐘紡入社時に、福沢の精神の継承者といわれる中上川彦次郎（一八五四―一九〇一）からの影響を受けたこと、鐘紡（設立は東京であったが）をはじめ、関西やそこに拠点を持つ紡績業界は、概して政府に対して自立性が強かったことなどによると考える。

ところで、武藤の著作等をまとめたものとして、『武藤山治全集』（全九巻、一九六三〜一九六六年）があり、その中でも、第一巻に収録されている『私の身の上話』（単行本の形では一九三四年に刊行）が自叙伝にあたるものである。この『私の身の上話』は、実業同志会（一九二九年より国民同志会と改称）により刊行された政治教育雑誌である『公民講座』（一九二五年一月創刊）と、姉妹雑誌で婦人同志倶楽部発行の『婦人と生活』（一九二六年六月創刊）に、一九三二年一月から一九三四年四月まで連載され、途中、絶筆となったものである。その後、二ないし三回で完結する想定で、政治運動関係の執筆を進めようとしていたところ、一九三四年三月九日に凶弾に倒れ、翌一〇日に逝去した。本評伝は、この『私の身の上話』や、さらに社史の『鐘紡百年史』（一九八八年）に負うところが大きく、多くをこれらから引用している。また、引用箇所等では一部分を除き、当用漢字及び現代仮名づかいに改めている。

巻数の多い経営者の全集として『渋沢栄一伝記資料』全六八巻（一九五五〜一九七一年）や、『松下幸之助発言集』全四五巻（一九九一〜一九九三年）などがあるが、『武藤山治全集』全九巻・計八二〇〇頁余りについて特筆すべき点は、彼自ら執筆したものが多くの部分を占めることである。彼は経営者や政治家でありながら、極力、夜の社交を避け、仕事中やその合間はもちろんのこと、時事新報時代には通勤途上の列車中でも執筆した。

武藤についての研究は、経営史、経済史、政治史等の分野で数多くあるが、代表的な評伝の一つとして入交好脩『武藤山治』（一九六四年）があり、そこでは武藤を福沢精神の継承者と位置づけている。そして本書でも、武藤の経済的自由主義思想に注目し、彼をブルジョア・デモクラシーあるいはラディカル・デモクラシーの体現者と捉えていく。この観点は、長幸男『実業の思想』（一九六四年）等の見解に負うところが大きい。

ところで、武藤が率いた近代において鐘紡は優良企業であったが、二〇〇四年三月に産業再生機構による支援下に入り、二〇〇八年一一月に一二〇年余りの歴史を閉じてしまった。

もちろん、歴史的変遷の中で、鐘紡を取り巻く経営環境も大きく変わり、事業分野も繊維関係のみならず多岐にわたった。それでも、再建の道筋の立て方、労使関係上の調整、経営状態の公表方法、取引銀行や取引企業との関係などの面で、先人の武藤であったら、どのように対処したであろうかとも考える。そして、政治にも翻弄される形で鐘紡は整理されるにいたってしまった。

武藤はかつての鐘紡や同業他社、そして時事新報社の経営再建を果たした経緯があり、彼の精神や、彼にかかわる同社の経営史の中に、学ぶべき点が多くあったのではないか。彼は一九三〇年一月の社長勇退の際、自身の生命が続く限り鐘紡のために尽くし、自身の魂は必ず永遠に鐘紡の中に在ると語った。

ゴーイング・コンサーン（=「永続企業」）や、さらに「永続国家」であり続けるために、経営者や政治家にどのような資質が求められるのか、どのような哲学や実践が求められるのか、我々が武藤から歴史的に学習するべき点は多いのではないかと思われる。

目次

武藤山治（1931年頃）

慶應義塾卒業時　前列右端が武藤、後列中央洋服姿が福沢諭吉（1884年７月）

米国からの帰朝時　父佐久間国三郎との記念写真（1887年）

兵庫の舞子宅から本と傘を片手に鐘紡営業部へ出勤する武藤（1918ないし19年頃）

兵庫東尻池にあった鐘紡営業部における社長時代の武藤

慶應義塾創立75周年記念祝賀会　左から武藤、犬養毅、朝吹常吉連合三田会長　マイクに向かい立って挨拶をしている鎌田栄吉前塾長　帝国ホテル（1932年5月9日）

時事新報社社長室の武藤　壁には
当日の同社紙や他紙が貼られている

媒酌人として披露宴に出席した千世子夫人との
夫妻最後の写真　大阪綿業会館（1934年２月10日）

第1章　生誕と人物形成

1　生誕と郷里での幼少時代

生誕と実家

武藤山治（旧姓・佐久間山治。アメリカ合衆国から帰国した一八八七年に改姓。旧姓時の彼も武藤と表記する）は、慶応三年三月一日（西暦では一八六七年四月五日、但し、戸籍上や晩年までの多くの記録には、慶応三年三月五日ともある）に、佐久間国三郎（一八四五［弘化二年一〇月］―一九一五）とたね（一八五一［嘉永四年一二月］―一九三三）の長男として生まれた。佐久間家は、代々庄屋をつとめた豪農であった。武藤の実家は、国三郎宅があった現在の岐阜県海津市平田町蛇池《じゃいけ》であるが、初産は母方の実家に里帰りして行う習慣により、現在、愛知県弥富市となっている尾州海部《あま》郡鍋田村字松名新田の佐野治右衛門邸で生まれている。

今日の平田町蛇池は、長良川と揖斐川に挟まれた一帯にあり、東海道新幹線の岐阜羽島駅から南に八キロメートルほどの場所である。建物は建て替えられているが、武藤の実家は残っており、その近くの県道一号岐阜南濃線沿いの場所に、国三郎とたねの十字架をかたどり向かい合った墓碑と、武藤の記念碑がある。

さらに、武藤の実家の近隣にある海津市生涯学習センターの前庭には、彫刻家の朝倉文夫により一九三五年に製作された武藤が椅子に座った姿の銅像が建てられている。この銅像は、かつてカネボウ株式会社（二〇〇一年から二〇〇七年まで用いられた社名）が所蔵していたが、二〇〇六年二月に公益社団法人国民会館により、海津市に寄贈されたものである。なお、この国民会館の現会長は、設立者であった武藤の孫の武藤治太《はるた》氏（一九三七―）で、武藤の長男であった金太の長男にあたり、これまで大和紡績株式会社取締役社長、会長、相談役を経て現在は最高顧問、そして日本紡績協会会長等をつとめている。

家族と幼少時代

武藤が生まれた慶応三年の九月、佐久間家に浪士が乱入し、対応した国三郎の弟が切りつけられ、間もなく亡くなるという事件がおこった。丁度この時、父親の国三郎は江戸にいた。長良川堤防に関する紛議の解決のため、村民を代表して江戸におもむき、幕府の当局者と交渉中であった祖父の勘六平勝が、病により死亡したためであった。また、この翌月が大政奉還で、討幕運動や王政復古に呼応して、京を中心に騒動が絶え間なかった時期であった。武藤はよく母のたねから、彼女が直接目にしたこの事件のことを聞かされ、政治の良否とそれへの国民の関心の度合いが、一国の治安や安寧にもかかわってくることを意識し続けた。

武藤は、祖父と父の性格を併せ持ったと自らいう。武藤の祖父の勘六は庄屋をつとめ、派手で世話好きであり、せっかちなところもあった。このような性格は、時には早急さにもつながるが、即断即決、行動重視といった経営者に求められる資質であるともいえよう。勘六により嘉永年間に立てられた家は、襖をはずすと数百名収容できる会堂のような大きな建物であったが、それは彼が仏教に凝り、近所の者たちに説教を聞かせるためであった。そして、地味な父の国三郎からは、物事を慎重に考え、どこまでも研究に研究を重ねる性質を受け継いだ。熟考を重ねた判断や研究を重ねることも、経営に必要な資質であろう。

また、国三郎は大の読書家で、朝から夜遅くまで、散歩をする時間以外は本を手放したことがなく、万巻の書を読破していた。山治と命名したのも、彼が論語等を読んでいた時に生まれたので、その中にある言葉からとったとのことである。国三郎は、儒教関係の書物から、当時評判となっていた福沢諭吉の『西洋事情』まで読んでいた。そのようなことは、武藤が福沢を崇拝する動機にもつながり、のちに彼を慶應義塾に入学させるきっかけとなった。また、小学校から帰ってきた武藤に、よく頼山陽の『日本外史』の中に出てくる勤王の志を鼓舞する種々の話を聞かせた。そして社会人になったのちの武藤も、片時も本を手放さない大の読書家となった。

他方、武藤の母のたねは温和で、彼女の両親は国文学者の流れをくむとされている。このような両親を持ったことから武藤は、子供の頃、文学者になりたいと思い、教育熱心であった国三郎は、イギリスのケンブリッジ大学に入学させようと考え、留学費を積んでいた。

さらに国三郎は、岐阜県議会の議員や議長を経て衆議院議員（一八九八―一九〇二）にもなった人物で、早くから自由民権思想をいだいていた。そこで、国会開設運動などにも加わっており、中央から招いた有志家による演説会が、彼の家でも時折開催された。武藤は子どもながら、このような演説を聞くことで、彼も演説が上手になってみたいという気になり、演説館もある慶應義塾への進学を父親から勧められた。

2　慶應義塾入学

幼稚舎入学

武藤は地元の今尾小学校を終えると、一八八〇年五月一〇日に慶應義塾に附設されていた幼稚舎に入学した。この幼稚舎は、和田芳郎が舎長であったため、当時の通称として和田塾ともいわれた。武藤は満一三歳で入学したが、上限に近い年齢であった。

上京の折、父の国三郎が同行したが、彼は東京と全く縁がなかったわけではなかった。明治維新直前に、勘六が江戸で客死した際におもむいており、さらに、酒や油を扱う事業をはじめた国三郎の二番目の弟にあたる玉三郎が、日本橋に店を出したことがあり、この店を担当したこともあった。当時、東京方面の東海道は、新橋～横浜間しか鉄道が開通しておらず、四日市から汽船に乗船するルートもあったが、国三郎は船が嫌手だったため、東海道を歩き、疲れると人力車に乗り、一〇日かけて東京に着いた。その際、武藤は浅草界隈もみせてもらった。

「慶應義塾幼稚舎概則」（一八八一年一月改正）によると、この頃の課業の大略は、英書、和漢書籍、語学、算術、作文、習字、画工、体操、礼式であった。また、「入社金」は三円、塾生の一カ月あたりの諸入費は七円六〇銭で、その内訳は、「受教料」が一円七五銭、食事その他の塾費が三円七五銭、それに茶菓子代、必要品ほかの雑費を合わせて二円一〇銭であった。

当時の慶應義塾では、一月から四月を第一期、五月から七月を第二期、九月から一二月を第三期としていた。塾内の全学生の成績を公表するため、一覧にして印刷された「学業勤惰表」によると、武藤は一八八〇年の第二期に幼稚舎第三番（一五名中一番の成績）からはじめ、第三期に幼稚舎第二番（一三名中一番）、翌年の第一期と第二期に幼稚舎第一番（それぞれ、七名中二番、六名中一番）を終えた。なお、一八八〇年の第三期に「支那語学」を、そして一八八一年の第一期と第二期に、幼稚舎で通常の英書の読解とは別途課せられている「読方」、「ジクテーション」（口述筆記の意）、「文典」の評価からなる英語学（第一等）（それぞれ、一八名中一〇番、一二名中七番）、体操柔術（それぞれ、出席点九二・柔道の試合三戦三敗、出席点八〇・柔術の試業点七五）も修得している。

そして、一八八一年九月に本科に進学したが、一八八一年第三期に本科第五等と同時に、幼稚舎で通常の英書の読解とは別途課せられている英語学（第一等）と体操柔術（第一番）を、一八八二年第一期に本科第四等（二回のうち一回目）の際に、同じく英語学（第一等）（「読方」、「文典」（欠席）、「会話」、「書取」（欠席））を修得している。

和田塾では生徒による演説が奨励され、しばしば演説会も催されたが、そのような時は福沢諭吉も出席した。その際、福沢は世の中に出る時の処世訓等を親しく語ったが、それは武藤ら生徒に深い感動を与えた。例えば武藤は、身体を健全にして立派な体格をつくり活動することや、言葉や態度の親切丁寧さの必要を聞いた。

また、幼稚舎における和田芳郎と生徒との関係は、家庭的であり寺子屋式で、師弟間に階級的な概念をつくらず、親密な温情があふれていた。和田は出席簿をつけるとき、呼びすてにしないで、必ず「何々さん」と呼んだが、このような教育法は、イギリスの人格教育を模範としたものであった。武藤は労務管理上、言葉遣いや態度の親切丁寧さを重視したが、これらは福沢や和田の教えにも培われたものでもあった。そして武藤は、幼少時代から、儒教の影響を受けた国三郎に厳格に育てられる一方、このような福沢や和田らの教育からも、彼の人格が形成されていった。

なお、後半生の武藤は、当時の日本の一般的な学校教育に対して、規律は厳重でなければならないが、親しみのある教育とはいえないと述べている。はじめのうちは、英国流の人格教育を模範とし、福沢の慶應義塾がその代表的なものであったが、その後、文部省はドイツ式教育法を施行したため、軍隊教育と同じように窮屈なものにしてしまったとしている。そこで、文部省の手より教育を解放することが、国民の人格を高め、その自治精神を発揚する上で最も必要な改革であると述べている。

本科進学

武藤は一八八一年九月より慶應義塾の本科に学び、一八八四年七月に満一七歳で卒業した。この時の卒業生は二六名であったが、その中には将来財界で活躍する人物として、和田豊治（一八六一―一九二四、富士瓦斯紡績社長）、日比翁助（一八六〇―一九三一、三越呉服店会長）、楠本武俊（一八六一―一九二八、日本郵船、旭セメント・大分セメント社長）、そして、武藤とも年齢が近い門野重九郎（一八六七―一九五八、大倉組副頭取、日本商工会議所会頭）らがいた。

当時の慶應義塾は晩学の学生が多く、妻子を連れて上京し、一家を構えて通学している者もおり、日比も在学中に結婚していた。寄宿舎は童子寮（少年寮）と大人寮に分かれており、武藤は本科に入ると童子寮に移ったが、名前とは裏腹に相当年配な者もいた。

ところで和田豊治は、財界活動の中で、よく武藤と対比された。また学友関係として、同年卒でありながら、武藤は和田より五歳半ほど年下であった。そこで彼は、慶應義塾時代からの長い親友の間柄であったとしながら、本塾では寄宿舎が同室でもあり、「和田君には大いにイジめられたものです」と述べている。

和田は、武藤より一年早い一八九三年に、三井銀行より鐘紡に入社した。本店支配人として三井工業部との間の調整に従事する傍ら、本社があった東京・鐘ヶ淵の工場を統括していた。続いて武藤が、一八九四年に三井銀行から兵庫支店支配人として入社するが、新設の兵庫工場を率いる武藤と既設の東京工場を率いる和田が、工場の能率、管理手腕、そして性格にいたるまで対比された。例えば、武藤は精励恪勤と事務的才幹をもって管理し、各々の性質は、和田が情義や円満を尊ぶのに対して、武藤は智力や利義を正すことを尊んでいるとしている。さらに、和田は「悪い物を以て良い物を造る」というと、武藤は「良い物を以てせざれば善い物を造れぬ」と述べたとされた。そして、西の武藤、東の和田ともいわれた。

ちなみに兵庫工場の成績の方が三井内部で評価され、のちに和田は、一九〇〇年の欧米への外遊を経て鐘紡を去った。その後は富士紡績株式会社の経営者となり、財界世話役としても活躍する中で渋沢（栄一）二世ともいわれたが、そこでも武藤の鐘紡経営や一人一業主義等と対比された。そして第一次世界大戦後には、絹業への進出や、中国への工場進出に際しても競い合った。絹業への展開の際、農商務省も紡績業者による製糸業の近代化を画策する中で、もし鐘紡を率いる武藤にそのような意思がない場合は、富士紡の和田にあたるとする計画が立てられたりもした。

話がやや横道にそれたが、ライバルの和田とも対比しながら、武藤の慶應義塾時代の説明に戻ろう。

慶應義塾では、本科（本塾）でも、イギリス流の人格教育とともに、英語、支那語、簿記のような実学、算術、そして政治、経済、文学の訳読が主に行われた。武藤は、一八八一年第三期に本科第五等（二八名中一四番）、一八八二年第一期に本科第四等（三三名中八番、和田一二番）、第二期に本科第四等（三〇名中七番、和田一〇番）、第三期に本科第三等（二六名中五番、和田九番）と進んだ。続いて、一八八三年の第一期に本科第三等（三六名中四番、和田一九番）、（第二期休学）、第三期に本科第二等（二八名中一七番、和田一九番）、一八八四年の第一期に本科一等ノ二（二八名中一二番、和田一九番）、そして第二期に本科一等（二七名中二六名が卒業で一〇番、和田八番）を修めた。さらに、一八八一年第三期、八二年第一期、第三期、八三年第一期に漢学科にも在籍した。なお、一八八三年の第二期は休学し、また、その前後の時期は、肋膜炎のため、入院したり、故郷に戻り療養したりした。

福沢諭吉からの感化

本科中の生活面として、試験前は朝から晩まで勉強したが、普段は学生同士、大言壮語して日々を送っていた。後年の武藤は、福沢の書き残した独立自尊の心掛けを、文字の上で読めるだけとなってしまったが、当時、慶應義塾に学んだ者は、福沢の一大人格に直接触れ、彼の言行から感化を受けて世の中に出たと述べている。

明治半ばの福沢は、塾生が生活の安定しない中、政治に狂奔するので、三田が拝金宗の本山と唱えられるほど金儲けの必要を説き、民間実業界に人材を輩出した。とはいえ、もし大正・昭和期の政党政治の弊害をみたとしたら、三田出身の実業界における成功者に向かっても、政界革新に協力するように号令を下したに違いないと、武藤は述べている。彼はこのような福沢に対する理解をもって、彼の大正期以降の政治革新運動を進めていった。

さらに福沢が、拝金の催眠術をかけたまま、この世を去ってしまった上、物質文明の中で、世上は金儲けに没頭して世事を顧みなくなった。そして、政府による国民精神を去勢する形式教育が、それに拍車をかけたとも武藤は述べている。そこで、国家の前途を憂える者は、画一教育の百弊の根源を見出し、改革の途を講じなければならないともした。

武藤は慶應義塾卒業後、イギリスのケンブリッジ大学に学び、文学者になることを志していた。ところが、武藤が本科で学んでいた一八八一年、「明治一四年の政変」にともない松方正義が大蔵卿につき、いわゆる松方財政が実施された。そして、その紙幣整理を目的としたデフレーション政策の影響等により、武藤の周囲では、親戚に貸していた彼の留学費が、先方の破産により全額返ってこなくなった。後年の武藤は、この「松方デフレ」と、一九三〇年一月に井上準之助（一八六九—一九三二）蔵相のもとで実施された旧平価による金解禁を重ね合わせて、武藤が新平価解禁論者に転じ、政治の場で異を唱えたことについて、このような彼自身の経験に照らし合わせながら触れている。

3　渡米経験

渡米

ケンブリッジ大学における文学研究の夢を絶たれた武藤は、一八八四年七月に慶應義塾本科を卒業すると、同級生であった和田豊治、桑原虎治（一八六〇年生まれ、慶應義塾商業学校校長などを歴任）とともに、翌年一月にアメリカ合衆国のサンフランシスコへ渡り、先方のタバコ工場で働くこととなった。

武藤らの渡米の話は、サンフランシスコで貿易商の甲斐商会を営んでいた甲斐織衛（一八五〇—一九二二）が帰朝した際に持ち出し、和田が聞いてきたものであった。福沢諭吉、中上川彦次郎、甲斐、そして和田はともに豊前の中津が郷里で、甲斐も慶應義塾に学んだ。甲斐は、現在の神戸大学の前身にあたる神戸商業講習所の初代校長をつとめたのち、やはり慶應義塾出身の朝吹英二（一八四九—一九一八）が経営した貿易商会のニューヨーク支店勤務を経て、この甲斐商会をおこした。また、武藤ら三人の渡米の際、中上川がサンフランシスコにいる甲斐と、彼の友人であり、かつこのタバコ工場勤務の件をともに発案した新聞記者のヤコブという人物に対する添書を認《したた》めたとされている。

武藤が国三郎から貰い受けた支度金は三五〇円で、洋服代や船賃等に半ば近く費やし、僅かな金を持参して旅立った。武藤が語るに、当時の学卒は就職難であったが、青年の間には、海外へ出て新しい人生を切り開こうという意気が極めて盛んだったので、希望を抱いて三人は渡米を決した。しかも、先方で稼いで、その傍ら学校へ通うつもりでいたため、かなりの決心と覚悟を要した。

武藤らは、米国のパシフィック・メイル社の汽船「シティー・オブ・トーキョー」号で、一八八五年一月二七日に横浜から出港しているが、折しもこの航海の時には、第一回の官約日本人ハワイ移住者千人近くも同船し、彼にとってそのことも印象深かった。船室は五〇ドルほどの三等で、最下の薄暗いところに、蚕棚のような寝床が幾重にもなっており、船酔いにも悩まされた。船は二月八日にハワイのホノルル港に寄港し、武藤らも市街地を見学した上、一八日にサンフランシスコに到着した。

慶應義塾でミルやスペンサー等も学んできた武藤らにとって、タバコ工場における見習職工としての勤務には、大きなギャップを感じるとともに、聞いたり話したりする日常生活上の英語の勉強にもならなかった。そのような生活上の失敗の一端として、理髪店に出かけた和田と武藤は、刈り方について理解も説明もうまくできず、和田はショーテストと答えて囚人のごとくほとんど丸坊主にされ、武藤はリトル・ショーテストと答え、黒人以外は刈らない短い丸刈りにされた。そして、各自一カ月あたり二〇ドルほどを下宿屋へ支払う負担も大きく、所持金が減少していった。

スクール・ボーイ

一、二カ月後、武藤は三人のうち最初にこのタバコ工場への勤務をやめ、いったんドクター・ハリスという者が日本人のために創立したとされる福音会の世話になりつつ、スクール・ボーイのあてを探した。このスクール・ボーイとは、アメリカ人家庭に家事使用人として住み込み、そこで皿洗いや広い庭での水撒きなどをして働きながら昼間に学校に通い、当時で週に三から五ドルくらいの給料も得るというものであった。しかしながら、そのような口はなかなかみつからず、いよいよ所持金もなくなってきた。そこで、デイ・ワークといわれる一日雇いの仕事にもしばしば出掛け、ホテルでの窓ガラス拭き、庭での水撒き、さらにビスケットやパンを焼くことをともなった皿洗いなどを経験して、二から三ドルほどを得た。

武藤はこのような苦しい境遇に立つことで、大きく二つのことを得た。

一つ目は、自分が苦しい境遇に立つことで、人々に対して深い思いやりの気持ちを持てるようになったことである。

二つ目は、米国人家庭で使われる者の立場となって、主人としての態度の優しさと上品さ、そして言葉使いの丁寧さの必要を学んだことである。何事を言いつけるにも、命令口調ではなく、Will you という言葉や、Please（どうか）という言葉を必ずはじめに用いたが、このことは武藤にとっても誠によい感じのするものであった。

サンフランシスコに日本人が多くなってくると、英語習得の妨げになってきた。そこで、対岸のオークランドに日本の旧制中学程度にあたる私立学校（ホプキンス中等学校）があることを聞いておもむいてみると、根本正（一八五一―一九三三）を紹介された。根本は、一八八五年より合衆国東部にあるバーモント大学に入学することになっており、帰国後は一八九八年から一九二四年まで衆議院議員をつとめ、未成年者喫煙禁止法や未成年者飲酒禁止法などを提唱・成立させた人物である。

しかしながら、オークランドでは、良いスクール・ボーイの当てがなかったため、武藤はホプキンス中等学校へ通うにいたらなかった。

パシフィック大学での苦学

ところが幸いにも、カリフォルニア州サンノゼにあったパシフィック大学（現在は同州ストックトンに移転）に、七〇名から八〇名ほどの寄宿生に食事の給仕をしながら学べる口を得た。武藤は三重県出身の森という、先に従事していた苦学生とともに働いた。彼らは、朝の六時に食堂へ出てテーブルの備え付けをし、七時より八時まで給仕し、それが終わるとスプーン、フォーク、ナイフを洗い、九時近くまでに昼食のためのテーブルの準備をし終えた。それから学校に行き、一一時半頃に戻って昼食の給仕や洗いものを終えると再び学校に行き、一七時頃に戻って夕食の給仕等を行い、二〇時半から二一時近くに苦学生の寄宿舎に帰った。

武藤は、予科・商学科中の三年を期間とするラテン語課（一・二年次が基礎教育課程）の一年次生として、一八八五年秋学期、一八八六年冬学期、一八八六年春学期（この学期の成績は六月三日付け）に在籍し、文法、読解、算術、米国史を修得した（武藤が大阪に設立した国民会館の保管史料による）。彼は英語で話すことをあまり得意としなかったが、ラテン語は米国人学生にとっても外国語であり、さらに慶應義塾で高度な英書を読んでいたので得意とした。そこで、寄宿舎における彼は、予習を早く済ますことができ、二三時頃までに就寝した。しかし予科へ進学するための準備クラスにいた森は、英語の読解に不慣れなため、真夜中まで勉強した。そのため、無理もたたって彼は病気にかかり、現地で亡くなった。

在学中の武藤は、弁論部に招かれて討論する機会もあった。そのような時は日本の政治の話をしたが、質問に答える中で、日本に対する軽蔑の態度が改まったことに喜びを感じた。

また、当時のサンノゼには、武藤、森のほか、大学教授宅で皿洗い等をして大学に通っていた大坪権六という苦学生がおり、武藤は時々彼を訪ねた。ある夜、大坪の部屋にあったイギリスの女流作家バーサ・M・クレイ（一八三六―一八八四）の『ドラ・ソルン』（*Dora Thorne*）を借りて読むと面白く、筋もよく、文章が平易かつ高尚であった。そこで英文の勉強にこの上もない手本だと思い、繰り返し、暗誦せんばかりに読んだ。武藤はそれ以来、英文を書く上で非常に進歩したように感じ、帰国後にジャパン・ガゼット新聞の翻訳記者に採用されたのは、この小説のお蔭だとしている。日本でこの小説は、一八八八年から九〇年にかけて、末松謙澄により『谷間の姫百合』として翻訳出版された。

なお、晩年の武藤は、物覚えが悪くなり、人の名前など今すぐのことでも忘れる状況であったとしながら、この難しい小説名をすぐに思い出せたことは不思議だとしている。そこで、若い時代に見たり聞いたりした際に受けた印象は、清らかな頭脳の奥底に深く映写され、容易に消えがたいので、友はもちろん、友に等しい書物やみるものには、大いに注意して取捨しなければならないと述べている。

醤油店での販売経験

武藤は、慶應義塾の先輩にあたる高島小金治（一八六一―一九二二）から誘いを受けたことによりパシフィック大学をやめ、彼がサンフランシスコに開いた醤油店につとめることとなった。

高島は、ヤマサ醤油を営んでいた濱口梧陵（一八二〇―一八八五）こと七代目濱口儀兵衛の、海外における醤油販売を目的とした欧米視察に随行したが、濱口はニューヨークで客死してしまった。そこで、濱口家では先代の遺志を継ぎ、高島を店主として、このサンフランシスコに店を開かせたのであった（ヤマサ醤油の拠点は銚子であるが、濱口家は現在の和歌山県広川町の大地主の出であった。悟陵は小泉八雲の「稲むらの火」の題材ともなった人物で、一八五四年の「安政の南海地震」に際して、津波の襲来を予期した避難誘導と、その後の広村堤防の建設でも著名である。また高島は、のちに大倉組副頭取をつとめた)。

このサンフランシスコの店で販売された醤油は、「ミカドソース」と命名された。味は日本の醤油そのままでは西洋人の口に合わないので、臨時に雇い入れた米国人と協議しながら調整され、日本から輸入した醤油に酢、唐辛子、そして様々な薬味を混ぜて、ほぼ西洋のソースに類するものに仕上げられた。それを、高島の意匠による松、日の出、鶴を濃厚な色彩で描いた万古焼の三角形の瓶に詰めた。そしてこの時期に、サンフランシスコで開催されていた共進会に出品した上で、一瓶三五セントで売り出したところ、好評を博した。そこでニューヨークにも支店を開設し、武藤を支店長にするという話も持ち上がったことから、彼の心は希望で満ち、朝から晩遅くまで醤油まみれになって働いた。

しかしながら、一カ月ほど経つと売れ行きが止まってしまい、高島は武藤に対して調査を命じた。そこで、武藤は取引先から得意先まで尋ねてみると、米国人はミカドソースの中身が欲しかったわけではなく、瓶が美的なので購入していたことがわかった。さらに彼は、当時の米国人は日本を劣等国とみていたのであるから、直接口に入れる醤油を売り込む企ては、よく考えてみると無理があったとも分析した。

そこで高島は、後始末について武藤に指図するための暗号電信まで打ち合わせた上で帰朝し、その後、店を片付けて帰国するようにとの電命があった。武藤は「シティー・オブ・シドニー」という船の二等船室に乗り、往路の経験からすぐに横臥したのでひどい船酔いもせず、渡米後、足掛け三年で無事帰国した。その際、高島に帳簿等一切を引き渡すと、百円ほどの残金が、慰労金として武藤に与えられた。

4 青年期の起業及び就業

改姓と徴兵の回避

一八八七年、武藤はアメリカ合衆国から帰国すると、徴兵を回避するため、跡継ぎが断たれていた武藤松右衛門の家を相続する形をとり、佐久間姓から改姓した。それに先立って、一八八三年に改正された徴兵令では、徴集猶予は戸主、戸主が六〇歳以上の者の嗣子・養子、承祖の孫、兄弟が現役の者、陸海軍学校生徒などとされていた。ちなみに父の佐久間国三郎は当時四二歳で、武藤は四人いた男子の中の長男であった。

国三郎は自由民権論者であり、徴兵制も含めた明治政府の専制的な施策に、子供や家を守るために懐疑的であった。なお、二番目の男子である佐久間時三郎は朝鮮に渡り、三番目の包四郎は徴兵された上、日露戦争で戦死し、四番目の不殺は平松家に養子に出た。その後、その不殺の娘の繁子が養子として佐久間家に戻り、その長男が現在の当主の佐久間義方氏（一九三〇—）にあたる。

また福沢諭吉も、明治政府の専制的かつ不公平な徴兵制度に対して反対する立場から、『時事新報』紙上で論陣を張るなど、徴兵令にかかわる規定に異を唱えていた。彼は公平、平等の観点から、徴兵免除者より「兵役税」を徴収し、除隊者への手当てを厚くすることを提唱した。さらに私立学校の教育者の立場から、「一年現役兵」や「徴集猶予」の制度を、官公立の中等学校以上の卒業生にのみ限定して適用することなどにも反対した。「一年現役兵」は、志願兵の形を取りつつ、兵役義務期間と任務が軽減されるというもので、「徴集猶予」は、官公立の高等教育修了者が通常つく官吏、府県会議員、官公立学校教員といった職にある者は猶予されるという制度であった。

日本でも先駆にあたる新聞広告取扱業の開業

帰朝後、武藤は働き口を探すため、福沢諭吉に願い出たり、高島小金治にも助けを求めたりしたが、結局みつからなかった。そんな彼に思い浮かんだのは、新聞広告取扱業であった。武藤はサンフランシスコで、醤油店を営む高島のもとで働いていた時、盛んに新聞広告取次人が訪ねて来て、広告文案を示して勧誘されたことを思い出し、日本でもこの仕事をはじめたら面白いのではないかと考えた。

思いつくやいなや実行に移し、新聞社をまわってみると、それらに出費がともなう交渉でないので容易に応じてもらえ、一割ほどの手数料という形でまとまった。しかし、この事業をはじめるにあたって、家を一軒借りて看板を上げなければならなかったが、そのためには敷金ほかの諸費用がかかり、先の高島からの一〇〇円ほどの慰労金ではたりなかった。

そのような中、郷里の岐阜で漢方医を開業し、やがて東京に移り住み、老後を送っていた橘良平のことを思い出し、たずねて相談してみた。すると橘は理財に長けていた上、起業心もあり、武藤の話に興味を示し、出資に応じてくれた。当時の東京市京橋区銀座一丁目六番地に大きな家を一軒借り受け、各新聞広告取扱所という大看板を屋根に上げて、広告取扱業を開始すると、最初の月から五〇円以上の純益をあげた。

なお、日本の広告代理業のはじまりは、一八八〇年に東京・日本橋で開業した空気堂組とされているが、体をなして本格的に活動しはじめるのは、武藤もこの各新聞広告取扱所を開業（一八八七年）した大体一八八〇年代後半からとされている。この頃、東京で五大取次といわれた広告代理業の開業年及び順番は、一八八六年の弘報堂、一八八八年の広告社、一八八九年の金蘭社、一八九〇年の正路喜社、一八九二年の帝国通信社となる。そして大阪では、一八九〇年に万年社が開業している。ちなみに、博報堂は一八九五年、今日の電通は、光永星郎によるその前身となる日本広告と電報通信の両社の設立がともに一九〇一年であり、さらに武藤は、日本電報通信社の株主でもあった。

武藤は、この広告代理業と同時に、彼が持主兼発行人となって博聞雑誌社も開業した。この事業は橘からの提案によるもので、彼が新聞や雑誌の有益な記事を切り抜き、それに武藤が二、三の新しい原稿を加えて雑誌を編集し、刊行するというもので『博聞雑誌』と題した。毎月五日と二〇日に発行し、この博聞雑誌社は、原稿校正出版所引受にも応じるという触れ込みで、一八八七年一一月五日に第一号を刊行した。すると、売れ行きがよく、東京に一二箇所、さらに横浜、京都、大阪、神戸、函館、名古屋、松山、松坂、高岡等にいたるまで、書籍雑誌売捌所が引き受けて、こちらも利益があがった。ただし、こちらの事業の実態は橘のもので、彼一人の収入とした。

『米国移住論』の出版と海外移民観

さらに一八八七年、二〇歳の武藤は、彼のはじめての著作となる『米国移住論』を丸善書舗から出版した。この著書では、アメリカ合衆国の中でも特にカリフォルニア州の状況や、当地への彼の海外移民観について触れられている。また、この青年期に抱いた考えが、彼が設立発起人となって一九二八年に創立される、南米拓殖株式会社によるブラジル移民事業にも反映された（第5章2参照）。

『米国移住論』では、まず「序」で、慶應義塾の先輩にあたる尾崎行雄からの推薦の言葉が述べられ、続いて「緒言」で武藤の渡米の経緯に触れるとともに、中国人移住者の動向への関心や、移住会社設立の必要等について述べている。

続いて同書では、カリフォルニア州へ移住するに際して、最も注意すべき点とする「気候」、官有地や移住に関する法令の状況も含めた「農業」、発展が見込まれる「工業」、サンフランシスコが拠点として重要な位置を占めるとする「商売」の項を設けている。そして、「支那移住民事情」として、彼らと「鉄道工事」、「沼地」、「鉱山」、「農業」、「果物園」、「製造」、「僕奴」、「労働」との関係に触れた上で、カリフォルニア州に隣接するオレゴン州、当時のワシントン・テリトリー等の状況も説明し、「米国移住会社設立ノ必用ヲ論ズ」という項をもって終えている。

ジャパン・ガゼット新聞社への入社と後藤象二郎の大同団結運動への協力

同じく一八八七年のことであるが、新聞の広告欄にあった、横浜のジャパン・ガゼット新聞の翻訳記者一人雇い入れの募集がふと武藤の目につき、何気なく申し込んだところ、来社するようにとの手紙がきた。そこで同社を訪ねると、編集主任のターナーは色々な邦字新聞を渡し、その中より外字新聞の読者に向きそうなものを選択して英訳するように指示したので、四、五の記事を翻訳した。すると多数の申込者中、記事の選択がよかったという理由で、武藤を月給二五円で採用することが決まった。

武藤は急ぎ東京に戻ると、橘良平に詳しい事情を話し、広告取扱業や雑誌の仕事を一切引き受けてもらって引き払った。横浜では、旅館・和田彦の主人と知り合いであった関係で、奥の一室に賄い付き一〇円で宿泊することができ、そこから日々、ジャパン・ガゼット社に通った。そこでは翻訳記者としての経験を通じて、迅速さや情報収集力といった、経営者にも求められる資質を身につけていった。

すると数日経たぬうちに、福沢諭吉より来訪してほしい旨の手紙が来て、武藤は東京の京橋南鍋町にあった交詢社におもむいた。福沢は一室に招き入れると、後藤象二郎（一八三八―一八九七）が大同団結運動をおこした関係で、英文が書け、英語が話せる秘書を一人世話してほしいという依頼を受けたので、武藤に行ってみる気がないかと話した。彼は年も若かったことから面白いと思い、ジャパン・ガゼット社を辞めてでも引き受けたいと答えると、福沢は彼の面前で後藤宛の紹介状を書いて渡した。武藤は直ちに、芝高輪の後藤邸におもむき、福沢の紹介状を差し出したところ、立派な洋風の応接室に通され、しばらく待っていると後藤が入ってきた。その時、武藤が受けた最初の印象として、福沢が「いざとなって腹が切れる奴は後藤だけだ」と語ったとする逸話を引き合いに出しながら、いかにも東洋流の豪傑であると思ったと述べた。

後藤は武藤が外字新聞社につとめていることを聞くと、それは好都合で、そのままつとめながら援助してくれとのことだったので、後藤の秘書にはならず、ジャパン・ガゼット社にいながら筆の力の及ぶ限り、彼の政治運動を応援した。その頃、横浜で発行されていた外字新聞は、フランシス・ブリンクレーが主宰し政府寄りとされるジャパン・ウィークリー・メール、反政府的なジャパン・ガゼット、そしてジャパン・ヘラルドの三紙で、それらの発行部数は合わせて千部くらいであった。その中でも、ジャパン・ガゼットの発行部数は、ジャパン・メールの三分の一にも達していなかったが、主筆の記者であったターナーは、ジャパン・メールのブリンクレーとの間に激烈なる論戦を交えた。

後藤の政府反対運動は、第一次伊藤博文内閣（一八八五年一二月―八八年四月）時の条約改正への流れに向けられ、この運動に対してジャパン・ガゼットは強く支持した。伊藤内閣は、治外法権を漸次撤廃するために、外国人に対する全国的な開放、西洋主義にもとづく司法組織や刑法・民法の制定のほか、一定期間、外国人判事や検事の任用を認めることなども検討することで、条約改正にあたろうとしていた。

このように武藤は、若い時から政治運動にたずさわった。ところが、後藤が黒田清隆内閣（一八八八年四月―八九年一二月）の改造時に逓信大臣につく（八九年三月）ことで、大同団結運動等の彼の政府反対運動は終わった。このような結果について武藤は、結局、大勢の人々が彼の政治的野心を達成する上での踏み台にされたとのちに述べている。

ジャパン・ガゼット社では、武藤と意気投合していた記者のターナーが、泥酔時に負傷し、やがて死去してしまった。そのような時に武藤は、慶應義塾の先輩にあたり、交詢社の事務局で中心的役割を果たしていた岡本貞烋《さだよし》（一八五三―一九一四）から、イリス商会への入社を勧められた。岡本は、同社を経営する前田清照から通訳を一人世話してほしいという話を受けるとともに、月給は五〇円という条件であった。武藤は月給が倍になり、先の見込みもありそうだからということで転職を決意した。

ジャパン・ガゼット社の後任には、のちに時事新報社、大阪毎日新聞社、大阪朝日新聞社、大阪時事新報社へと渡って活躍することになる土屋元作がついた。なお岡本貞烋は、のちに鐘紡との関係として、一八九八年一月から一九〇七年一月まで監査役を、続いて一九一四年九月まで取締役をつとめている。

イリス商会入社

武藤がドイツ人カール・イリスの経営するイリス商会へ入社したのは、一八八八年秋のことで、一八九二年末まで在職した。

イリスは、一八六六年に横浜でクニフラー商会に入社した。なお、クニフラー商会を営んだルイス・クニフラーは、一八五九年七月に横浜で初の外国商社を開設した人物とされており、この頃、福沢諭吉は彼から蘭英会話書を購入している。一八八〇年になると、クニフラーからイリスに経営が交代され、商号もイリス商会と変更された。明治前期には、外国人が居留地外に商店を開業できなかった関係で、一八八五年に旧薩摩藩出身の伊集院兼常が経営する形を取って、東京の築地に「伊理斯商社」を設立し、一八八七年より同じく旧薩摩藩出身の前田清照が経営にあたっていた。

イリス商会は、一八八七年にドイツのクルップ社と代理店契約を結び、一九一四年までこの関係が続いた。武藤は、彼がかかわった仕事として、北海道炭鑛鉄道会社（一八八九年一一月設立）から、レールの注文を受けたことについて触れている。イリス商会は、一八八九年一二月に、ドイツからの鉄道用レール及び付属品四三〇〇トンを、そして一八九一年にクルップ社製レールをそれぞれ納入し、それらは小樽や室蘭で外国船より陸揚げされた。その後、北海道炭鑛鉄道会社は株式会社に改組したのち、一九〇六年一〇月の鉄道国有法施行にともない、北海道の幹線鉄道部分を国に売却した上、北海道炭鑛汽船株式会社と社名を変更した。

なお、クルップ社は、一九〇五年より武藤が鐘紡で共済組合制度を実施する際、参考とした企業であった。さらに鐘紡とイリス商会との関係として、一九〇六年九月にドイツのザクセン機械製造所（旧名ハルトマン）製の屑絹糸紡績機が取引されるとともに、一九〇九年から数年間、原綿の取引もあった。

イリスは当時七〇歳近くであったが、気が短く、武藤に英文書類の和訳を命じると、彼の周囲を歩き回って待つほどであった。そこで武藤は、いろは等の文字を大変な速さで書き、イリスが安心して自分の部屋に戻るとゆっくり翻訳し、清書したものを持っていった。このような経験から、武藤は若い人たちに伝えたい処世上の秘訣として、店主や上役らの性質をよく呑み込んで呼吸を合わせることを、正しい意味において行うことが大切だとしている。

第2章　三井銀行及び鐘紡への入社と兵庫工場の建設

1　三井銀行及び鐘紡への入社

三井銀行入社

武藤は、慶應義塾の先輩にあたる中上川彦次郎が三井銀行副長となり（一八九一年）、改革にあたるとともに新たに行員を採用していることを聞くと、岡本貞烋に依頼して中上川を紹介してもらった。するとただちに、一八九三年一月一八日に三井銀行に採用され、同行から鐘紡に出向する形で入社するまでの一年三カ月間、在職した。はじめは、東京本店の抵当係に勤務し、等級は八等、月給三〇円であった。この時の抵当係長は、のちに芝浦製作所支配人や大日本製糖社長ほかを歴任する藤山雷太（一八六三―一九三八）で、七等、月給五〇円であった。

同じく一八九三年一月時点の三井銀行では、三井高保が総長（一等、三五〇円）、西邑虎四郎が監事（一等、三五〇円）、中上川が副長（二等、二五〇円）、三井物産の益田孝が監事（二等）、齋藤専蔵が監事兼支配人（四等、一五〇円）、岩下清周が副支配人（五等、一〇〇円）であった。また、一八九二年に和田豊治や、将来、阪急東宝グループ諸企業を設立する小林一三（一八七三―一九五七）らが入行しており、一八九三年二月二〇日の辞令で和田が本店貸付係（武藤と同じく八等、三〇円）、四月四日の辞令で小林が本店記録係（一〇等、一三円）に、それぞれついていた。

当時の三井銀行は、中上川の影響により革新的な気風に満たされつつあったが、それでも武藤らが改革案を示そうとすると、齋藤支配人に上申される前に、調査係が目を通す時点で、過去の達示を根拠に斥けられた。そこで武藤は藤山に諮り、このような融通のきかない弊害をなくすことを三井高保や中上川に進言すると、古い達示はいっさいお構いなしとされ、三井銀行の改革は大きく進んだ。

この当時のことを思い、武藤は鐘紡においても、一切古い達示文に囚われないように常に注意を加えた。そこでは、従業員の意見の是非はその時の判断によるべきもので、上役の過去の達示命令に反しても差し支えない旨をたびたび訓示した。それでも、会社が大きくなると旧慣にとらわれることがあり、諸官庁や民間等でも、多くがこのような通弊に陥るといえる。三井銀行における中上川、そして鐘紡における武藤は、このように社内の風通しを良くすることに注意を払って、改革や日常の経営を行った。

さらに武藤は、銀行の抵当係としての経験から、人であろうが事業であろうが、少し手伝えば良くなるものもあるため、見込みがある場合は、親切に世話することの必要も体得した。そのような例として、抵当流れとなった東京の三田にあった旧育種場を挙げている。その周囲は人家が多いにもかかわらず、そこは寂しい荒野のようであった。そこで、その中を道路で区割りし、交差する四辻に、ほかで抵当流れになった古家を移築し、安い家賃で貸した。すると人が住みだし、借地人ができ、借家を建てる者も増えて、この場所の大半が塞がっていった。

続いて武藤は、一八九三年七月から翌年四月まで神戸支店に勤務した。一八九四年一月現在、神戸支店支配人は井上静雄（手代三等、月給五五円）で、計算兼為替及預金係長に武藤（手代四等、月給三五円）がついていた。以下、神戸支店には手代五等の者が二二名（うち係長は、金庫係長、貸付係長、庶務係長、公金係長の四名）、日給制の雇四級から雇五級までの者が一四名、日給制の傭丁が四名いた。なお、三井銀行は大阪支店も有していた関係から、武藤は大阪でも取引先廻りをしたことがあった。

鐘紡入社

武藤は一八九四年四月一七日付で、三井銀行より出向を命ぜられる形で鐘紡に入社した。合名会社三井銀行総長三井高保の名による移籍辞令書には、手代四等であった武藤に対して、「鐘淵紡績株式会社ニ採用ニ付暇申渡」と書かれていた。そして、四月二一日付の鐘淵紡績株式会社による月俸辞令には、「一等手代申付候事」ということと、月俸として三七円五〇銭を支給することが記されていた。

当時の鐘紡は、三井銀行の傘下にあり、同行の中上川彦次郎に経営が託されており、一八九二年一月に鐘紡の副社長、同年五月から彼が亡くなる一九〇一年一〇月七日まで会長についていた。また、一八九二年一月には、朝吹英二も取締役として入り、同年五月から一九〇七年一月まで専務取締役についている。

武藤の鐘紡入社は、朝吹が彼の才幹を見込んで、中上川に推挙したものとされている。三井銀行を営む立場にもある中上川は、神戸支店の運営のことも考え躊躇したが、やがて意を決して鐘紡の兵庫支店支配人に抜擢した。そして、鐘紡の積極的再建策ともいえる、中国輸出を目的とした新工場の建設と経営を武藤に委ねた。彼は紡績業に関する経験がなく、しかもこの時二七歳で、今日でいうと、大学を出て数年という年齢であった。さらに中上川は四〇歳、朝吹は四五歳であった。

中上川彦次郎の三井入りまで

中上川は、経営において自由主義的かつ合理主義的な立場に立ち、福沢諭吉の精神の第一の継承者とされているが、武藤は彼のことを厳父、そして情に篤い朝吹のことを慈母的存在だとしている。そこで、武藤に対する中上川との関係や思想的影響は強いと考えられる。中上川の三井入りまでの経緯を説明しておこう。

中上川は、一八五四年に中津藩士の才蔵と福沢の姉である婉の長男として生まれた。つまり、中上川は福沢の甥にあたる。彼は一八六九年五月より慶應義塾に学び、一八七一年に卒塾すると、「中津市学校」の教師となった。一八七二年から慶應義塾等で教鞭をとり、その間、一八七三年一月から八月まで、旧宇和島藩立の洋学校の校長兼英語教師として招かれた。

さらに中上川は、一八七四年から七七年まで福沢の費用負担で渡英し、その際、海外調査のため、同じくロンドンに滞在していた井上馨と知り合った。帰国後、井上が工部卿になると工部省に入省、そして彼が外務卿になると外務省に移り、公信局長をつとめて権大書記官にも任ぜられた。しかし「明治十四年の政変」により、矢野文雄、犬養毅、尾崎行雄らとともに大隈派と目された慶應義塾出身の若手官僚であった中上川は、一八八一年一〇月に退官した。

一八八二年三月に福沢により新聞『時事新報』が創刊されるが、当初の発行元は慶應義塾出版社であり、中上川は創刊とともに社長となった。その後、社名は一八八四年七月に時事新報社と改められた。

そして中上川は、一八八七年三月に山陽鉄道会社の創立委員総代に選任され、同時に時事新報社社長を辞した。さらに、一八八八年四月の株主総会で社長に選任され、一八九一年一〇月までつとめた。この間、一八九一年七月から八月までの一カ月間であったが、神戸商業会議所初代会頭に就任している。

中上川の山陽鉄道時代について、武藤が記した伝記の中では、さっそく一八八八年末までに兵庫―明石間（一一月）、そして姫路にいたるまで開業させ（一二月）、わずか三年で神戸―尾道間を開業させたこと（一八九一年一一月）を偉業としてあげている。そして、彼の先見性や新機軸として、拠点となる兵庫駅の広大な敷地の確保や、複線化を見越した用地の買収、カーブ部分や勾配の程度の緩和、エアーブレーキを用いた最新の車両の導入など、二重投資の回避、コスト面、安全性、そして速力等を考えた目先の利益にとらわれない鉄道建設が行われたと述べている。しかしながら、大株主や重役は大阪の投資家が多かったこともあり、彼らは目先の利益に重きを置いたことから反発も強かったと回想している。

中上川の三井入り後

中上川は一八九一年八月一四日に、三井銀行理事ならびに三井組参事に就任し、同年一〇月に山陽鉄道社長を辞した。同年四月に同行京都支店で取り付け事件がおこるなど、経営悪化が表面化したことから政府も放任できなくなり、三井の最高顧問格であった井上馨が彼を起用したのであった。

中上川の三井における業績を総括すると、三井銀行の官金御用の辞退を通じて政商路線から抜け出させて、不良債権の整理を強行し、同行の経営を正常化した。さらに進んで、叔父福沢譲りの富豪の富を活用した商工立国の理念によって、三井の工業化を進めた（森川英正「中上川彦次郎」『国史大辞典　第一〇巻』一八八九年より）。

中上川は一八九二年二月に三井銀行副長になったが、この時から一八九四年秋までが、主として銀行の整理・再建につとめた時期であった。

当時、三井銀行には六〇〇万円に上る不良貸付があった。その筆頭が、東本願寺に対する一〇〇万円の無担保融資で、続いて一八九二年三月に営業停止した第三十三国立銀行への七十数万円の債権、横浜正金銀行金庫課長への三六万円、芝浦製作所の田中久重に対する十数万円といった貸金ほかがあった。

最初、中上川は自らの指揮により、迅速かつ断固たる措置をとって整理を断行し、一時は東本願寺から「信長以来の仏敵」とまでいわれたが、かえって返済額より多くの寄進が信徒より集まったとされる。また、井上馨は政府関係者への不良貸金整理の切捨てを主張していたが、井上の娘婿の父にもあたる桂太郎や、松方正義の関係者に対しても、中上川は容赦しなかった。そして、藤山雷太が係長としてつき、武藤も一時在籍した本店の抵当係は、一八九四年一〇月には役割を果たし、早くも廃止されたのであった。

さらに一八九四年一〇月には、三井の事業を統括する三井元方に工業部が設けられ（一八九八年まで）、群馬県の新町絹糸紡績所（のちの鐘紡新町工場）や富岡製糸場、芝浦製作所などを総合的に経営した。その中心に据えられたのが、次の項で詳細に触れる朝吹英二で、専務理事に選任された。この頃、三井の事業体は、三井組から改組されたこの三井元方、それに三井銀行、三井物産、三井鉱山、三井呉服店の四つの合名会社、そして三井元方所属の地所部と工業部、さらに、直接関係会社として鐘紡、王子製紙の二社を擁していた。

中上川が統括した時代の三井は、銀行や工業会社関係等の経営のため、慶應義塾卒業の人材を多数採用したが、その中でも日本経営史上に名を残す人物として、藤山雷太、武藤、和田豊治、池田成彬、平賀敏、日比翁助、藤原銀次郎らがいた。しかし中上川は、彼が育成につとめた工業経営の不振、三井物産に対する銀行融資の引き締め、近代化の強行や彼の非妥協的性格などにより、三井家同族、井上馨、三井物産幹部らの反発も招いた。

そのような中、中上川は一九〇一年一〇月に死去し、その後、三井全体は三井物産の益田孝の主導のもと、工業主義から商業主義へと転換していった。そして三井銀行も、早川千吉郎（一八六三―一九二二）専務理事のもと、投資銀行から商業銀行へと転換していき、やがて鐘紡にも影響が及ぶのであった。

朝吹英二の鐘紡及び三井入り

鐘紡経営者となっていく武藤にとって、慈母的存在であった朝吹英二にも触れておきたい。

朝吹は、一八四九年に現在の大分県中津市耶馬溪町宮園の庄屋の次男として生まれた。日田の咸宜園、中津の渡辺塾、さらに同地の白石照山により営まれた漢学塾に学ぶが、そこでは福沢諭吉の又従兄弟でありながら、対照的に強い攘夷思想を抱いていた増田宗太郎と知り合い、彼から感化を受けた。

一八六九年のことであったが、朝吹は福沢や中上川と大阪で対面すると、彼らの思想や境遇、そして態度等に嫌悪感を抱き、福沢の暗殺を企てようとしたことを、彼自ら述べている（一九〇八年の大阪の三田会における演説による）。その後、福沢に諭されることで心服し、彼にしたがって一八七〇年に上京し、福沢邸の玄関番になるとともに、慶應義塾に入塾した。そして、一八七二年に慶應義塾出版局の主任となり、一八七五年には福沢の姪にもあたる中上川の妹の澄と結婚した。

朝吹は、一八七八年に慶應義塾出身の荘田平五郎の紹介で郵便汽船三菱会社に入り、間もなく本店支配人となり、岩崎弥太郎のもとで活躍した。そして、一八八〇年に福沢諭吉の推薦により、福沢、岩崎、そして大隈重信の主導のもとで、直輸出を目的として設立された貿易商会に移って取締役兼支配人となった。しかしながら、明治一四年の政変による大隈の下野も影響して業績不振が続き、一八八六年に同社は破産した。

その後、一八九二年より中上川の推挙で鐘紡の専務取締役、一八九四年に三井工業部の専務理事、ついで、一八九八年に三井呉服店専務理事、一九〇〇年に王子製紙取締役（のち会長）、一九〇二年に三井同族会管理部理事、一九〇九年に三井合名会社参事などに就任した。

武藤が入社するまでの鐘紡の沿革

鐘紡の歴史は、一八八七年一月に資本金一〇万円の有限責任東京綿商社の創立が申請され、同年二月に開業することではじまった。この会社は、国内綿のみならず中国綿も扱おうとする、東京の繰綿問屋九軒の中でも改革派であった三越、白木屋、大丸、荒尾、奥田の五店が中心となって設立された。頭取には三越呉服店主の三越得右衛門、副頭取には白木屋店主の大村和吉が就任した。

ところが、開業してみると需要が少なく、自ら需要を増すため、紡績業を兼営することとした。一八八七年四月一〇日に臨時株主総会を開き、資本金を一〇万円から一〇〇万円に増資し、四月二九日に東京府庁に工場設立を出願し、五月六日付けで許可を受け、用地の買収に着手した。のちに、この五月六日が鐘紡の創立記念日となった。

そして、一八八八年八月に綿糸の生産を主目的にしていくことから「有限責任鐘淵紡績会社」とし、さらに一八九三年一一月に「鐘淵紡績株式会社」と改称した。同社は一八八九年一月より東京株式取引所に上場し、四月よりリング機二万八九二〇錘、ミュール機一六〇八錘からなる東京・鐘ヶ淵の工場が操業を開始した。しかしながら、一八九〇年恐慌で苦境に立ち、会社の解散を唱える株主もいたが、一八九一年一月に三井銀行からの融資を受けることで危機を脱した。

このような存続の危機に際して、解散論に強硬に反対し、三井家の最高顧問格であった井上馨も動かし、大株主の三井家の助力を仰ぐことを提唱したのが稲延利兵衛であった。また社長には三越得右衛門、副社長には西邑虎四郎がついていたが、西邑の尽力により三井銀行からの融資が得られた。

三井銀行は鐘紡に対して多額の債権を有し、また株式も多く保有していたため、三井家や銀行にとっても同社の改革は必須だった。そのようなこともあり、中上川や朝吹は鐘紡の役員も兼任した。

一八九二年一月末時点の東京本店工場の様子であるが、職工数は男工手四一二名、女工手一五六三名、ほかに撰綿工、小使、人足などがいて総計二〇九一名であった。また、女工で寄宿舎に住む者は九二一名で、募集には係員を各県に派遣し、一五歳から二五歳までの者を雇用した。

職工は定期雇と臨時雇の二種類があった。そのうち定期雇は、三年以上つとめることを約束した者で、採用時に厳密な体格検査や、就業後一カ月以内に技能検査があり、そののち正式に給料が支給された。また、精勤を奨励するために、金銭の支給関係のほか、例えば各自の所持する綿袋の紐の色や幅で、職位がわかるようにした。

工場は隅田河畔で環境がよく、保険衛生にも留意した。その上、工場内には嘱託医を置き、彼らは病室の監督も兼ねたことから、病人は少なかった。作業時間は昼夜一二時間ずつの勤務で、昼業は午前六時半から、夜業は一八時半からとなり、一週間ごとに昼業と夜業を交替させた。また、定着が高まることと、貯蓄を奨励することを目的として、社内貯金の義務付けなどもあった。

続いて中上川は、一八九三年二月に一万四〇〇〇錘、平均三〇番手を紡出する本店第二工場の増設を企画した。この建設には朝吹が指揮監督にあたり、一八九四年三月より操業が開始された。その際、五〇万円増資され、新資本金は一五〇万円となった。また、武藤の慶應義塾の学友であった和田豊治が一八九二年に三井銀行に入社したのち、三井から鐘紡に出向する形で、一八九三年三月にこの東京本店の支配人についた。

2　兵庫工場の建設と操業

中上川による兵庫工場建設の構想

中上川彦次郎による鐘紡の積極的経営再建策はさらに続き、一八九四年二月の臨時株主総会で、兵庫県和田岬の吉田新田に兵庫工場の建設を決定した。この新工場の設備規模は四万錘で、鐘紡は建設にあたって一〇〇万円増資し、新資本金は二五〇万円となった。

中上川は、山陽鉄道の経営や、神戸商業会議所初代会頭であったことを通じて、神戸周辺には土地勘があった。また、アジアに近い関西における紡績業の発展の可能性も説いた。横浜と神戸の二大港について比較すると、生糸や茶といった米国との貿易を考えると横浜港の存在が目立つが、中国をはじめとするアジアとの貿易を考えると、神戸港が有利であった。

そして吉田新田は、海陸の運輸のほか、地質が良く、さらに地下水も潤沢であった。そこで、それが蒸気機関の冷却にも用いられると思われたが、中上川は一人、そのような考えを退けた。彼は神戸の山々から平地にいたる開発による水脈の遮断を予期し、海水を用いるサーフェース・コンデンサー（復水器）の採用に固執し、海岸にまで達する広大な用地買収を決定した。確かに、のちに兵庫運河が開削されると、彼の予期どおり地下水が枯渇した。

兵庫工場の建設

武藤は、一八九四年四月より鐘紡の兵庫支店支配人についた。当時の彼の主な仕事は、工場建設工事の総指揮で、機械類一切の注文は東京本店があたるとともに、敷地の買収も、この時点で目処が立っていた。

周囲の地質は、専門家によって太鼓判を押されていたが、特に重いものが設置される箇所は、武藤自身も試掘を行い、そのような念には念を入れた工事の進め方に対して朝吹英二は喜んだ。建築の設計監督は、米国から帰朝間もない建築家の平野勇造に依頼し、藤田組が六月より工事にあたった。武藤は、三井銀行神戸支店内に設置された仮事務所から毎日現場に通い、工場構内の事務所ができあがると、そこにベッドを持ち込んで、昼夜にわたって工事の進捗を督励した。

武藤の鐘紡入社以前から、同社の改革にあたっていた朝吹は質素さを好んだ。例えば彼が、入社早々の武藤を連れて関西の紡績会社に挨拶しにまわった際も、同地の工場や事務所等が質素なことを印象づけ、武藤もその意味を理解した。

兵庫支店工場の表門は、渋塗りの木柵同様の簡素なもので、事務所は、倉庫と工務事務所の建物に同居するわずか一〇坪ほどのものであった。そこには、銀行で用いられていたような高いテーブルと椅子が置かれたが、立ちながら事務仕事をしたため、進捗が早かった。

また、武藤から命令された数多くの用件を、部下を使わず自分一人で抱え込んでしまい、仕事がはかどらないことに対して叱ることもあった。ただし、この件に限らず、部下に叱る時の彼は、人に対してではなく、仕事に対して叱った。そのような一件があったのち、部下が恐る恐る武藤に報告しに行くと、「有難う、……、有難う」と感謝し、物心ともに同情心や配慮が大変強かったので、血も涙もあるとして、厳しく叱られても彼を怨む者はいなかった。

他方、一八八七年にさかのぼり、「紡績大学校」や「三井の道楽工場」といわれた東京本店工場建設の時は、建築の指導監督に工学博士の辰野金吾があたり、清水満之助（清水組、のちの清水建設）が請け負い、事務所は、堂々とした洋式二階建てであった。そして壮麗な唐草模様の鋳鉄製の表門は、学習院が神田錦町に開かれた際に正門としてつくられたもので、学習院の校舎が一八八六年に焼失したのち、移設されたものであった。

その後、この東京本店工場の表門は、学習院卒業生らの運動により一九二七年に鐘紡の手を離れ、一九三〇年に目白の学習院構内に移設された。さらに、一九五〇年に学習院女子短期大学が開学した際、新宿区戸山の敷地に移され、現在も同地で、学習院女子大学及び同高等科・同中等科の正門として使用されている。

蒸気機関の据え付け

兵庫支店工場建設の際、設備の発注は東京本店から行われ、紡機四万錘は三井物産を経て英国のプラット社へ注文したが、原動機となる一三〇〇馬力の蒸気機関は、三井工業部所管の芝浦製作所に発注した。この蒸気機関の発注は、芝浦製作所と鐘紡の技師長を吉田朋吉が兼任していた関係からとされている。

吉田は、日本ではじめてとされる鋼鉄製煙突の試用を東京本店工場で行い、耐震性ほかの有利性を証明した上で、兵庫工場にも採用するといった功績もあった。しかし武藤は、当時の芝浦製作所に十分設備が整っておらず、このような蒸気機関の発注は、非常に危険を冒すものといえ、実業常識から判断すれば容易に受け入れられない一大失策であったとしている。

一八九四年八月より日清戦争がはじまった。開戦時には、兵庫工場の建設工事を延期する声も重役の中からあがったが、中上川は続行を決断した。一八九五年下期には工場の大部分が完成し、紡績機械も順次到着して据え付けが終わった。

しかしながら、蒸気機関は予定より六カ月遅れて、一八九六年二月に搬入された。そして芝浦製作所には、ロープをかける機関のフライホイールを削る設備がなかったため、それをいったん兵庫工場内に据え付けた上、切削作業を行うことにも一カ月余り費やした。この溝を切削する作業は、同じく芝浦製作所に発注した電気機械類の納入も遅れたため、数多くの百目蝋燭を灯して行われた。

丁度この頃、日清戦争後の好景気が訪れていた。そこで武藤は、芝浦製作所に対して、毎日のように手順にそった発送を督促し、派遣されてきた組立工に対しては励まし、懸賞や饗宴等によって士気を保ち、ついに組立や仕上げを完了させた。

七月七日に蒸気機関の据付けが完成すると、ただちに試運転が開始された。その際、蒸気機関がはじめて運転されるのをみていた、朝吹の何とも形容しがたい表情で喜んだ顔は、後年の武藤の目の前にもありありと現れてきたという。彼は鐘紡の専務取締役と、芝浦製作所を所管する三井工業部の専務理事を兼務しており、ことの成り行きに最も責任を感じ、心を痛めていた。大変な難産であったが、無事生まれて動く姿をみた彼の心中は、察するに余りがあった。

兵庫工場は一〇月一日をもって開業し、さらに一〇月二三日より昼夜業を開始した。しかし、好景気は去り、利益を得る機会を逸してしまったことから、一時は土地の評価額を上げて利益を出すような苦しい計算をして、この遅延にともなう失策を糊塗したのであった。

蒸気機関の保存

兵庫工場に設置された蒸気機関は、関西の同業者間で三カ月以内に破損廃物になると揶揄されたが、結局、工場の動力が電化される一九二八年一二月九日まで、昼夜三二年間にわたって動き続けた。そしてこの蒸気機関は、武藤の命により社宝として永久に保存することとした。

このように、武藤が記念物を保存しようと着想するにいたったのは、彼がニューヨークのトリニティ教会墓地を訪れた時の深い感動による。彼は一九一九年一〇月に、ワシントンで開催された第一回国際労働会議に出席した際、当地にも立ち寄った。彼は、マンハッタンのブロードウェイとウォール街が交差する繁華街にありながらも開発を避け、広い土地を有するこの静寂な教会墓地に、歴史を大切にし、先人の偉業を永久にたたえようとする姿をみたのであった。

武藤は、国や地域といった範疇だけではなく、会社でも一個人の家でも、古く由緒のあるものは、なるべく保存するべきであると考えた。そこで、兵庫工場の開業から数年間、事務を執った粗末な事務所でさえ、工場拡張の際、保存しなかったことを後悔していると述べている。この事務所には、彼の経営の原点が多く詰まっていたといえる。このような発想や取り組みは、今日、産業遺産の保存や活用を提唱する、産業考古学の着想にもつながるといえる。

その後、この蒸気機関は、一九四一年八月の金属類回収令により徴用された。さらに兵庫工場は、第二次世界大戦中の一九四五年二月五日の阪神大空襲により全焼し、閉鎖された。

中上川と朝吹の職工優遇策の武藤への影響

鐘紡が創業され、兵庫工場も設立される一八八〇年代末から一八九〇年代にかけては、日本の企業勃興期にあたり、紡績業界も職工の募集難や移動の多さに悩まされていた。そこで他社より良好であったが、兵庫工場でも年間六〇～七〇パーセントの職工の移動率をみることもあった。

武藤は中上川や朝吹の影響も受けながら、彼の労務管理手法を確立していくが、中上川は高賃金の支給や待遇の充実により優秀な職工を集め、さらに移動の防止や定着を図ろうとする職工優遇策をとった。それは職工を過酷に扱い、賃金や処遇はできるだけ低い水準に抑え、同業者間の相互協力で斡旋、技術伝習、そして移動の防止を図ろうとした、従来の紡績業者の考えに比べると人道的であり、自由主義的かつ合理主義的な考えといえた。

武藤は、このような中上川の従業員に対する考えを踏襲していくが、彼が職工優遇の考えを持つにいたったのも、やはり経営者としての合理主義的精神からであった。武藤にとって福利厚生費など、「職工優遇のために使うお金は"good investment"（よい投資）」であり、そのような経営者としての考えが、結果的には人道上にも貢献していったのであった。まさに、「情けは人のためならず」といえた。

とはいえ、もちろん武藤自身の情も強かったため、経営者としての「温情」の発露があった。一九〇〇年前後の逸話とされているが、彼が人力車で兵庫工場に通勤する際、鼻緒が切れたため、下駄を下げて裸足で工場に向かう幼い女工を見かけると代わりに乗せ、彼は歩いて向かった。また、工場内で腹痛を訴える女工を医務室に背負って運んだことに対して、責任者を叱りつけた上、ただちにゴム輪のついた縦長の運搬車を病人運搬用に注文・製作させるなど、彼の従業員に対する気遣いは、挙げれば切りがなかった。

また中上川同様、やはり福沢門下であった朝吹からも、主に精神面において職工優遇に関する影響を受けた。朝吹は職工に対し同情の態度で接し、他人の為に苦を厭わず、費用を惜しまなかった。例えば職工のため、食物をおいしく多くするように指示し、そのため会社の賄を請負から直営とした。さらに、漬物にも念を入れて、自らその漬け方まで監督した。武藤はのちに、労使間の意思疎通のために社内報の発行や注意箱の設置を図るが、これらの導入のきっかけは、朝吹から海外雑誌の記事を紹介されたことによる。

このように武藤は、鐘紡に就任して数年間の利益の少なかった時代から、中上川や朝吹より職工優遇の必要を学んだ。そして彼は、社内報の刊行や注意箱の設置のみならず、共済組合制度、職工学校や女学校、工場内の診療所、さらに少々時代は下るが、結核の療養を目的とした高砂保養院（一九一五年）の設置などにもつとめていった。このように彼は、やがて事業規模を拡大していく鐘紡において、福利厚生及び医療、教育訓練、意思疎通といった面で諸施策を体系的に実施し、さらに全社において制度化していくことで、他企業の手本にもなっていく「温情主義」経営を確立していった。

鐘紡と紡連及び中央同盟会との関係

紡績業者は、一八八二年一〇月に紡績連合会を発足し、その後、一八八八年六月の改組により大日本綿糸紡績同業連合会、ついで一九〇二年に大日本紡績連合会と改称した（通称、紡連）。

大日本綿糸紡績同業連合会では、一八八九年四月より実施された規約の中で、職工の自由な移動や、前雇主の承諾を得ないで職工を雇い入れることを制限した。鐘紡はしばらく躊躇しつつも、一八八九年六月に紡連に加盟したが、まだ、東京周辺で職工争奪は日常化していなかった。

しかし、紡績業者が多く集まる大阪地方を中心に、職工の移動や争奪は問題化していた。しかも、職工の雇用や就業の状況は地方によって異なるので、紡連による全国一律の規定では画一的になり、また取締りもできなかった。そこで、大阪を中心とした近畿地方及び中国・四国・中部地方の紡績会社が加盟する中央綿糸紡績業同盟会（中央同盟会と略す）が、一八九三年六月に組織された。

当時の鐘紡は、紡連に加盟していたものの、関東の同業者を代表する立場から、職工取締りのための「付則」の制定に、強硬な反対論を展開した経緯があった。さらに、その「付則」に代わって、紡連加盟各社全般に通用し得る「準則」が定められ、職工取締りを任務とするこの中央同盟会が組織された。

中央同盟会は、鐘紡にも入会を求めてきた。しかし、職工の人権や自由の侵害の可能性、大阪等との地域性の違い、さらに会には、多数をもって少数を黙従させる権利がないことなどを理由に、職工問題に進歩的思想を持つ中上川や朝吹は、加盟を拒否し続けてきた。このように、中央同盟会とアウトサイダーである鐘紡との間には、兵庫工場の開業以前からわだかまりがあった。

中央同盟会との紛争事件

鐘紡兵庫工場で募集した職工数は一三〇五名で、職工の確保と養成のために五万一二〇三円九〇銭を費やした。工場内では、半年以上にわたる蒸気機関の稼動にかかわる操業の遅延がありつつも、紡機の据付けは済んでいたため、十分に職工を養成することができた。そして、兵庫工場から一部の職工を東京本店工場に研修におもむかせたほか、東京でも兵庫工場に勤務する職工を募集した。さらに操業開始に合わせて、東京工場から多数の熟練工を応援に向かわせたりもした。そこで、中央同盟会加入各社にあまり迷惑を掛けなかったと武藤は述べている。

しかし、一八九六年一〇月に兵庫工場が開業すると、併せて中央同盟会との紛争事件も発生した。職工は新しい工場の広大な寄宿舎、賄所、そして食堂等の優遇設備のことを伝え聞いて各社から逃れてきた。

それが大事件に発展したのは、中央同盟会の当事者が誇大に報告し、同盟会各社の重役が動揺したためであった。さらに当時は、他社からの職工争奪に対抗するため、職工係に無頼漢を用いて、いったん雇い入れた職工、その中でも特に女工の退社を阻止することも見受けられた。しかも当事者らには、会社に針小棒大な報告をすることで紛争を誘発し、飲食のために運動費を濫費する弊風があった。

中央同盟会側は、鐘紡が東京工場で職工を養成し、約一千名の職工を兵庫工場に移したとしても、工事の進捗にともなって不足が生じるようになり、全運転の暁には少なくとも三千名を要すると推算した。そこで、各地において他社の職工を争奪したと主張する。

一一月一一日付けで、大阪、平野、摂津、郡山、堺、朝日、尼崎、金巾、福島、天満、和歌山、日本、三重、名古屋、尾張の紡績一五社は、時間、金銭、そして労力を費やして養成した職工を鐘紡が雇用したとして、中央同盟会委員長に宛てて鐘紡処分請求書を提出した。さらに一二月六日付で、岡山、倉敷、玉島、福山、笠岡、下村の中国地方の紡績六社も、同様の処分請求書を提出した。

一二月には新聞紙上に、中央同盟会加盟各社の連名で、綿花や綿糸をはじめとする鐘紡との取引業者に対する「取引拒否広告」も掲載された。このように、兵庫工場の職工確保にあたっては、鐘紡と中央同盟会の間の紛争にとどまらず、関係業界をも巻き込む一大事件にまで発展していった。また、暴力沙汰になることも懸念され、中上川は紛争の早期解決を期して、三井銀行大阪支店に命じ、同盟会側への融資を拒絶する措置にまで出た。

結局この紛争は、日本銀行総裁の岩崎弥之助の仲裁をもって、一八九七年一月二三日に終結した。そして、鐘紡も中央同盟会に加入することになるが、職工の雇用期間に関する規約の修正等や、同業者間内において待遇改善を図っていくことが合意され、中上川の考えは、紡績会社の職工待遇に一大転機を画することとなった。さらに武藤が、このような中上川の考えを受け継いでいった結果、鐘紡は工業界の模範となるのであった。職工は自由であるべきで、企業は移動防止のために、賃金面や待遇面において満足させることが必要であった。

この事件を機に、職工の争奪や紛議は減少していき、中央同盟会は一八九八年末に解散した。これに代わって、翌年大阪に中央紡織同盟会、名古屋に東海紡織同盟会、岡山に中国各紡績会社連合交詢会を設立し、それぞれの地域の職工にかかわる事務を扱ったが、これらの組織も一九〇五年に解散した。

兵庫工場の建設及び操業開始時の武藤

武藤は、兵庫工場建設のさなかであった一八九五年四月に千世子（旧姓・渥美、一八七七―一九六四）と結婚したが、新婚生活の中で、先の中央同盟会との紛争事件にも遭遇した。彼らは神戸の下山手に住んだが、この頃、工場との往復には、よく自転車を用いていた。

何事にも全力をもって集中する性格であった武藤は、兵庫工場建設当初の四、五年は一年三六五日、元旦しか休まず働き通した。やがて会社の財政が安定してくると、せめて日曜日だけでも休もうとしたが、そのことが苦痛だった。そこで働くことも、休むことも苦痛だとすると、どちらも習慣に過ぎないと彼には思えた。しかし、一定の規則のもとで働く団体的肉体労働の場合、過度な労働は良くないと述べている。

工場の操業開始間もない一八九七年頃の武藤は、八時から二一時過ぎまで、尻の部分が破れて雑巾のように縫ってある作業服に、油まみれになった鳥打帽子を被り、兵庫支店内の事務所と工場の間を行き来した。帽子が油まみれなのは、機関室でもどこへでも入っていくからで、雨の中でも傘を指さず、雨しずくが落ちてくるのもかまわずに駆け回って、現場主義を徹底した。当初、紡績業について、知識も経験もなかった彼は、現場を一番良く知る彼ら彼女らから見聞きした。

また、会社の用件以外の来訪者には面会せず、昼食は遅くなると一三時から一五時になるか、時には取り忘れることがあり、空腹の中、強い葉巻を吸うため卒倒したこともあった。このように支配人自ら、部下以上に働くので、彼らはついていかなければならなかった。

ところで、武藤が工場経営の極意として悟ったのは、修繕費を惜しまず、機械の保全を完全にすることと、それを扱う男女工を優遇し、教育を施し、自然に進んでよく働くようにすることであった。

また、兵庫工場では、開業の時機が良かったことを理解せず、単に利益が多いことを理由に、無批判に摂津紡績の方式を取り入れたことで、「一文惜しみの百失い」を経験したことがあった。紡績機械用の消耗品として、国産で安価な粗悪品を大量に購入してみたが、該当する品が紡糸上大切な働きをしていたことがわかり、改めて舶来の良品を用いることにした。鐘紡では高品質な糸を紡ぐため、消耗品や修繕に費用をかけた。そのため売価が高くなったが、他社の製品より一層高く売れた。

そして、一般の店と工場の経営法が異なることも武藤は述べている。店はどんなに節約しても、皆が辛抱すればそれで済むが、工場は機械が相手なので、粗末なものを使うと、小さな節約から大きな損が出てくる。さらに、大店や大きな会社であっても、事務所は使用人の数が比較的少なく、監督が行き届きやすいが、工場では何百何千という従業員を使うので、そのようにはいかなかった。

工場では、よく怒鳴りまわる監督者がいるが、多数の従業員が、自然によく働いてくれるように仕向けることも大切であった。さらに工場の経営は、あまり性急でもうまくいかない。武藤は糸を綛に取る工程で、屑糸の多さを監督者に注意すると翌日から減ったが、実際は工女が監督者の小言を恐れて、便所に捨てていたのであった。

武藤は、兵庫工場の開業前後を失敗の連続であったと語っているが、中上川や朝吹、さらに生産現場からも学びながら、工場経営の極意を自ら体得していった。

第3章　鐘紡全社支配人就任と工場管理施策の体系化

1　全社支配人就任と企業合同及び多角化

全社支配人就任

武藤は、鐘紡の東京本店支配人をつとめていた和田豊治の退社にともない、一九〇〇年一月より鐘紡の全社支配人に就任した。三井の諸事業を兼任しながら、鐘紡の会長をつとめる中上川彦次郎や専務取締役の朝吹英二のもと、武藤は実質的に専門経営者として、鐘紡の経営現場全体を統括することとなった。本社の所在地と三井とのパイプ機能は、引き続き、鐘ヶ淵の工場がある東京本店に置かれたが、兵庫支店内に営業部を設置し、武藤はここから、各本支店工場への命令や情報交換を行った。さらに、生産現場を主と考えながら、本支店工場内に事務部門を置いた。

させていく。

武藤は、高生産性や高品質商品の生産を追求するとともに、事業規模の拡大及び多角化も進展

武藤の全社支配人就任直前の鐘紡は、彼も手続きにたずさわったが、一八九九年九月に上海紡績株式会社（兵庫支店第二工場）、一〇月に河州紡績株式会社（住道支店）、一一月に紫島《くにしま》紡績株式会社（中島支店）、一九〇〇年一月に淡路紡績株式会社（洲本支店）をあいついで合併・買収していった。それらのうち上海紡績とは、合併条件として対等な株式交換の形をとり、河州、紫島、淡路の各紡績会社とは、固定資産を低く評価して買収する方法がとられた。

上海紡績は、中上川が中心となり、三井関係者の主導により一八九五年一二月に設立されたが、文字通り、当初は上海での工場建設を計画したものであった。同年四月に調印された下関条約で、中国内の開市場・開港場において製造業を営めるようになり、中国綿花の輸入と日本綿糸の輸出の諸費用が抑えられる利点が見出せるようになった。そして一八九六年一月には、同様に上海への直接投資を目的とした東華紡織株式会社が、関西の紡績諸資本の主導により設立されている。さらに、ジャーディン・マセソン商会をはじめとする英・米・独系商社ほかによる、当地への直接投資計画もみられるようになった。

ところがその後、日清通商航海条約を締結するにあたって、中国内で製造できたとしても、同国内における流通時の通過税課税に対する懸念が出てきた。そのため、一八九六年三月に上海紡績では、日本内地移転案と規模の縮小案が決議され、四月に鐘紡兵庫支店工場の隣接地が用地と

して選定された。そして五月に、芝浦製作所副支配人の筑紫三郎が上海紡績兵庫工場支配人として就任し、翌一八九七年一二月より営業が開始された。なお、中国における製造物への通課税課税問題は、内外資本に対して適用する考えであったので、結局、民族資本の反対により実現しなかった。

企業合同及び多角化

一九〇一年に『紡績大合同論』を著した武藤は、当初、鐘紡自体の経営が厳しい中であったが、救済合併を多く行う形で企業合同を進めるとともに、併せて複数の工場間にまたがる全社的な生産システムの確立や設備の充実を図った。

武藤時代の鐘紡の合併・買収は、綿紡績糸布関係をはじめ、絹糸布、生糸の製糸、そして中国大陸におけるものなども含め、昭和初期まで続いた。そのような流れの中で、彼が全社支配人に就任したのちの一九〇二年には、鐘紡にとって有利な株式交換の条件で、一〇月に九州紡績株式会社（三池支店、久留米支店、熊本支店）、中津紡績株式会社（中津支店）、一二月に博多絹綿紡績株式会社（博多支店）といった九州内の諸企業も合併されている。その後の買収・合併については、日本絹綿紡織株式会社（一九〇七年、使用していた機械類等を諸工場に移設）、絹糸紡績株式会社（一九一一年、岡山・和歌山・上京・下京・新町・前橋・岡山絹糸・備前・西大寺・上海絹糸の諸工場）、朝日紡織株式会社（一九一三年、大阪支店）、国華製糸株式会社（一九二一年、彦根製糸工場）、若尾製糸合資会社（一九二一年、甲府製糸工場）、日本絹布株式会社（一九二二年、山科絹布工場）、南勢紡績合名会社（一九二三年、松阪支店）、イギリス人が経営していた上海の老公茂紗廠（一九二五年、公大第二廠）と続くほか、新増設の工場も数多くあった。

そして、多角化にいたる流れとして、これまで綿糸を中心に生産していたが、一九〇四年九月に、兵庫支店第二工場内に織布試験工場の建設を開始し、織機一〇〇台を据え付け翌一九〇五年一〇月に落成し、一二月から全運転に入った。

一九〇二年にさかのぼり、三井物産大阪支店長の藤野亀之助の紹介で、武藤に織布兼営の必要性を語った人物として福原八郎（一八七四―一九四三）がおり、翌年、鐘紡に入社した。福原は、一八九九年に現在の一橋大学の前身にあたる東京高等商業学校を卒業したのち、農商務省実習生として渡米し、綿花、綿糸布、工場管理等を研究し、一九〇二年に大日本綿糸紡績同業連合会からの刊行物として『米国棉花事情』を著している。さらに彼は、一九一九年一月より一九二八年七月まで鐘紡の取締役をつとめ、八月より南米拓殖株式会社取締役社長に就任した。

また、織布試験工場では欧米の機械とともに、藤野の依頼により豊田佐吉（一八六七―一九三〇）の力織機五〇台も設置された。しかし豊田の機械は故障が多く、彼は数カ月間にわたり毎日工場に出張し、機械の傍らにむしろを敷いて座り込み、調節にあたった。そのような時、武藤は豊田に対して、日本はいつまでも外国の機械にたよっていてはならず、新しい機械を発明することが日本を救う道になると激励した。そこで豊田は、一日も早く機械を完成させることで、鐘紡に与えた損害を返したい一念で努力を重ねたといわれている。

さらに綿布に次ぐ多角化として、一九〇八年に新設された京都支店で、絹糸や紬糸のみならず、絹布の製造も兼営することに着手していったことが、武藤の唱える「絹業立国」の実現に向けての第一歩となった。絹業の原料となる繭は国内で自給でき、さらに生糸は主要輸出品であり、製糸業は国家的産業であった。しかしながら、生糸の生産にかかわる製糸業界は、商業的思惑により市況の変動が激しい上、中小零細業者も多く、大工業的・科学的に経営していく必要も彼は考えていた。

武藤は、一九一九年に開催された第一回国際労働会議に日本の雇主側代表として出席するが、本会議に先立って、製糸家から一三時間労働制の温存強行の主張がなされた。彼はこのような意見を押える立場となったが、このことも鐘紡が製糸業へ進出するきっかけとなった。彼は一九二〇年一月に帰朝したのち、新町支店における製糸工場の新設を命じたが、工場を買収する方が早く操業できることから、彦根の国華製糸と甲府の若尾製糸をあいついで買収した。さらに彼は、製糸経営にかかわる原料価格の安定のため、養蚕の自営工業化を模索し、一九二九年六月に、資本金五〇〇万円で鐘紡の全額出資による昭和産業株式会社も設立させた。

そして、一九一八年に新設された淀川支店における日本初の綿布の染色、捺染、漂白加工等への展開も、多角化として顕著なものであった。

このように経営規模を拡大していく中で、武藤の経営した時代の鐘紡は、総資産額ベースで日本の鉱工業会社中、概ね五位以内に入る企業となり、特に一九一八年から一九二三年上半期まで、年間七割配当が行われるような高収益企業となった。さらに、一九一三年時点で錘数にみる事業規模は、世界の紡績会社中五位であった（阿部武司『近代大阪経済史』二〇〇六年）。

中国への綿糸輸出と対中直接投資の模索

一八九四年から一八九五年にかけておこった日清戦争時、武藤は中国への綿糸輸出を主たる目的とした兵庫支店工場を建設していた。そして彼は、一八九八年三月に上海におもむき、現地の紡績業を視察する機会を得るが、この時点でも中国の綿糸市場をめぐり、対中輸出と現地生産を比較検討した上で、現地生産には否定的であった。この時、彼に視察を命じたのは、鐘紡及びその兵庫工場のとなりに工場を持つ上海紡績の両社を主導していた中上川で、上海紡績としての上海再進出を検討していた。

この視察結果を踏まえ、武藤は一八九九年に鐘紡専務の朝吹に宛てて、「支那紡績の現状と工場建設の可否」について報告した。そこでは、上海ほかで操業中または計画中の民族紡績資本や欧米系紡績資本の状況を分析した。その上で、現地における監督者の生産管理、現地の賃金や物価の上昇、中国綿のみを原料として使用する場合の綿糸の質や生産性、さらに中国に直接投資した場合、何年で利益が計上できるようになるかの算定などを根拠に、現時点では日本からの輸出の方が有利と結論づけた。

さらにこの報告で武藤は、もし日本資本が中国で工場を経営する場合は、監督が十分に行き届くように、本国から日本人職工を役付として派遣する形で、各科に配置する必要を述べている。その点、西洋人の給料は高額なので、このような監督者の配置は実行し難かった。また、日給制で採用されている中国人従業員に対して、請負制とした方がよいとする考えなども記した。

ところで、原綿の調達に関して、中国綿を現地生産に利用できることは、日本に輸入して生産する場合と比べて利点となり得た。しかし、綿と種を選別する繰綿の問題のほか、中国綿は短繊維で、主に太糸の生産に用いていたが、それのみを単独使用する機械紡績には、製品の品質上や生産性上の難点もあった。その点、日本では中国綿を用いつつも、それに中繊維のインド綿、さらに長繊維のアメリカ綿も一緒に用いていく混綿技術が開発されていた。そこで、日本紡績資本の生産方法を現地に適用する場合、中国綿以外の原綿調達のことも念頭に入れておく必要があった。武藤の調査によると、民族資本ではすべて中国綿のみを使用しており、欧米資本の一例では、中国綿九、アメリカ綿一の割合だった。また、この時点での中国における綿糸輸入は年間約五〇万梱で、そのうちインドからのものが三六万梱、日本からのものが一四から一五万梱であった。そこで、販売力の強化も課題であると述べている。

在華紡の展開

日本の紡績資本や商社等による対外直接投資として、近代中国で営まれた紡績業のことを在華紡という。在華紡の進出が本格化するのは第一次世界大戦後で、武藤が経営した時代（一九三〇年まで）の鐘紡は、上海及び青島に工場を持っていた。また、この在華紡は、国策会社であった南満州鉄道株式会社等と対比して、民間資本による対外直接投資であることも特色であった。

第一次世界大戦時までの武藤は、中国への輸出増大も見込んでいたほどで、雇用及び日本内地の地域経済への影響などからも、対外直接投資に積極的ではなかった。しかし、武藤も反対運動を展開した中国関税の引き上げが現実化し、その上、日本国内の労働コストも上昇すると、企業としての収益性の見地からも、現地生産による市場の確保を考えなければならなくなった。

さらに第一次世界大戦終了前後には、在華紡の一層の展開と同業他社の中国への進出の動きもみられるようになった。桑原哲也『企業国際化の史的分析』（一九九〇年）によると、三井物産の買収により一九〇二年より操業を開始した上海紡績や、内外綿といった商社系の在華紡が規模を拡大し、さらに富士瓦斯紡績の和田豊治が率いた日華紡織、大日本紡績、日清紡績、大阪合同紡績、大阪の綿糸布商を中心に設立された東華紡績が進出した。

鐘紡の中国への工場展開は、一九一一年に絹糸紡績株式会社を合併した際、上海製造絹糸株式会社絹糸工場（のちに公大第三廠）を継承したことが端緒となった。そして、第一次世界大戦後の一九一九年より、上海において新設工場の用地取得交渉をはじめ、一九二二年に公平紗廠（のちに公大第一廠）が操業を開始した。そこには綿糸の紡績工場が建設され、のちに織布工場も併設された。続いて、一九二一年より青島工場（のちの公大第五廠）の用地確保が進められ、一九二二年より紡績工場や織布工場があいついで操業を開始した。さらに一九二五年には上海において、イギリス人が経営していた老公茂紗廠（のちの公大第二廠）を買収した。

第一次世界大戦後が在華紡の本格的な進出時期になる理由は、日本内地における物価高にともなう労働コストの上昇、投資を行う日本紡績企業の資本蓄積、主要輸出先であった中国における日貨排斥（日本商品のボイコット）運動、中国関税引き上げ問題等による。ちなみに日中を対比した労働コストは、特に日本の物価が上昇したことから、労働生産性の観点もあいまって、この時期から中国生産の有利性が指摘されるようになった。

また日貨排斥は、一九一九年の五・四運動に代表されるような民族運動にともなっておこった。そこでは、在華紡労働者によるストライキもみられたが、しばらく在華紡製品にはその矛先を向けなかったことから、逆に排斥が現地化を呼び込む結果となった。

そして、中国関税引き上げ問題は、第一次世界大戦中の一九一七年に、寺内正毅内閣が対独参戦への代償として、中国の関税の五分引き上げを認めようとしたものであった。これに対し、武藤も含めた関西の紡績資本関係者が中心となって反対運動を展開したが、結局、一九一九年八月より関税引き上げが実施された。この反対運動は、その後も展開されることとなり、武藤が委員長をつとめることとなる一九一九年の大日本実業組合連合会や、さらに彼が会長となる一九二三年の政党・実業同志会の結成にいたる一要因ともなった。

また当初、上海に在華紡の進出が集中したが、その理由は、経済や交通の要衝である上、当地には治外法権の共同租界があり、経営上、租税負担が日本内地や中国人紡績業者より軽かったためであった。そして青島では、第一次世界大戦における対独戦に勝利した結果、租借地を得た。

複数工場間の商品の均質化と生産性向上のための職工優遇

複数の工場を有し、経営規模が拡大する鐘紡では、商品のブランド確立と、生産された工場により差異がない均質化がテーマとなった（桑原哲也「日本における近代的工場管理の形成（上）・（下）」一九九三年）。そこで一九〇〇年代初頭より、全社的な従業員の定着や生産性の向上も目的として、意志疎通、福利厚生、教育訓練、そして操業方法などの面で施策を制度化・体系化していった。また、設備の充実や従業員への対応のみならず、宣伝・広告も活用していくことで、同社を一流会社にしていった。

そのような全社的な経営管理を行うため、武藤は頻繁に社内文書にあたる「回章」を各現場責任者に対して送ることで指示を徹底した。「回章」は命令書であり、トップダウン的意思疎通の手段である。その送付数は、支配人時代の一九〇二年から社長を退任する一九三〇（昭和五）年一月まで、工場長をはじめとする各部署の責任者に対して合計八二七一通にも及んだ（『武藤山治全集　増補』一九六六年）。その中では、現場からの報告内容も紹介し、社内における情報共有も図られた。この「回章」に限らず、武藤の書いた社内向け文章の多くは、兵庫支店内の営業部にいた部下により清書されたが、このように書類が作成されていくことでも、営業部内における情報共有となるとともに部下が育った。

一方、労務管理上、この時点で特に問題となっていたのは、職工の募集と移動であった。そこで武藤は、中上川と朝吹の考えを引き継ぎ、さらに独自の経営手腕として諸制度を実施・体系化することで、職工の定着を促進していった。そして、その後の紡績業界における労働事情については、細井和喜蔵『女工哀史』（一九二五年）の厳しい評価が想起されるが、同書であっても、武藤が率いる鐘紡に対しては矛先をゆるめる記述もみられた。

また、武藤の「温情主義」経営の諸制度は、一九〇〇年の鐘紡全社支配人就任後間もなく一通りの完成をみたが、間宏『日本労務管理史研究』（一九六四年）における評価として、そのような明治末における「家族主義管理」の一定の完成には、他企業と対比する中で先駆性が指摘されている。

そして武藤の「温情主義」は、第一次世界大戦後になると「家族主義」とも称された。そこでは、労使関係を親子関係になぞらえつつ、さらに当時の日本における家族制度にもとづき、企業を「家」に例えることで、協調していくことが唱えられた。この時期は、労働問題が高揚しつつあり、このようなスローガンのもと、労使協調のより一層の強化が図られていった。

なお、「温情主義」経営の充実の様子は、武藤が第一回国際労働会議の席上で、鐘紡の対従業員施策を紹介するために持参した英文冊子を、のちに日本語訳して刊行した『鐘淵紡績株式会社従業員待遇法』（一九二一年）で確認できる。その目次に概要をみると、以下のとおりであった。

『鐘淵紡績株式会社従業員待遇法』

目次

第五　各種救済に関する施設

一　家計困難の場合に於ける救済　(1)金融相談所　(2)家事相談所　二　従業員又はその家族重患に罹り又は不時の災厄に遭遇し或は死亡したる場合の慰問方法　三　従業員の家族罹病の場合に於ける救済　四　退社後に於ける救済　五　元従業員の遺族に対する救済　六　懲罰解雇者に対する救済　七　解雇の場合に於ける取扱方法　八　救済院

第六　従業員の家族保護に関する施設

一　幼児保育舎　二　幼稚園　三　従業員の子弟に学資金の貸与　四　兵役関係者応召中その家族に対する保護　五　社宅居住者その他通勤者の家族に内職奨励の事　六　従業員結婚の場合の取扱方法

第七　従業員に対する各種幸福の増進機関を有効ならしむる機関

一　幸福増進係　二　救済委員　三　救済実行関係者の報告会　四　懲罰委員　五　奨励委員　六　工女世話係奨励規定　七　看護婦奨励規定　八　使用人救済、奨励、懲罰規則　九　新案年金給与規則並びに新案者懲罰規則　一〇　従業員と会社首脳者との会見　一一　従業員と工場長との会見　一二　幸福増進の施設に対する巡回検査　一三　注意函　一四　工場内意思疎通委員　一五　生命保険事務取扱の事

第八　貯金及び送金

一　貯蓄金　二　国許送金

第九　疲労恢復並びに慰安娯楽に関する施設
一　食事及び休憩時間　二　食堂及び休憩所　三　夏期及び冬期に於ける疲労恢復及び慰安方法　四　休業日と慰安方法　五　娯楽　六　男女工手過剰員の休養
第一〇　衣食住に関する施設
一　工手寄宿舎　二　社宅　三　炊事の方法と賄料　附、飯及び菜肴の分配並びに簡易食堂　四　日用品の分配
第一一　保健衛生及び防疫に関する施設
一　保健衛生と防疫　（1）体格検査及び健康診断の励行　（2）腫痘の励行とトラホーム患者の無料診療　（3）伝染病の予防方法及び防疫設備　（4）工場内救急設備　（5）更衣室又は上衣格納場　（6）工場内外手洗場　（7）仕事着の洗濯　（8）禁酒の奨励　二　工場附属病院　三　呼吸器病患者の取扱方法　（1）患者の早期診断方法　（2）患者の取扱及び療養方法　（3）帰国療養者及び退職者の取扱方法　（4）患者治癒後の取扱方法
第一二　教育に関する施設
一　鐘紡女学校　附、裁縫教授所　二　鐘紡職工学校　三　補習教育　附、担任講習所　男女事務員、寄宿舎世話係及び看護婦講習所　四　故中上川氏記念奨励資金　五　故日比谷会長記念発明及び考案奨励基金　六　新聞の発行　七　書籍の分配
第一三　鐘紡同志会

鐘紡同志会発起の目的　附、規約

2　意思疎通制度

意思疎通制度の実施と歴史的位置づけ

武藤から社内部署への直接の意思伝達として「回章」の発信がある一方、一般従業員との間の意思疎通として中核をなすのは、一九〇三年六月より行われた注意箱制度の実施と、日本初とされる社内報の刊行であった。

これら注意箱や社内報は、近代セールスの父と称せられるジョン・ヘンリー・パターソン（一八四四―一九二二）が率いたアメリカ合衆国のナショナル・キャッシュ・レジスター（NCR）社の実践例を参考としたもので、朝吹英二が『レビュー・オブ・レビュー』という雑誌に掲載されていた記事を武藤に紹介したことが導入・実施の端緒となった。注意箱の設置による提案制度は、ボトムアップ的な意思疎通といえるとともに、社内報は従業員やその家族との情報共有のため、男女各従業員の立場に応じて刊行された。

特に工場で働く女子従業員（工女）は、尋常小学校卒や、時代が下っても高等小学校（現在の中学校に相当）卒程度の学歴や年齢で入社し、しかも鐘紡の待遇をもってしても、二年ほどの勤続年数が通常であった。また男子従業員は、いわゆるホワイトカラー（使用人ら）やブルーカラー（職工ら）がおり、彼らには長期雇用の慣行がみられるようになっていくが、前者は学卒や中等学校（現在の高校に相当）卒程度、後者は尋常小学校卒から、やがて高等小学校卒以上の学歴が一般的となった。このように従業員の性別、学歴、そして職務は多様であり、かつ事業規模も拡大していくため、意思疎通制度の確立は不可欠であった。

さらに、経営者である武藤自らも行う各従業員からの意見聴取、意思疎通委員会の設置、工場及び寄宿舎における世話係の設置と彼女らによる女工への対応なども含めて、第一次世界大戦期までに意思疎通制度を強化していった。

ところで、このような鐘紡における意思疎通制度について、三戸公『家の論理2――日本的経営の成立――』（一九九一年）では、一九二七年から一九三二年にかけて行われたホーソン実験を契機として、エルトン・メイヨーやフリッツ・レスリスバーガーによって理論化・体系化されたヒューマン・リレーションズの、日本における先駆的事例であると指摘している。彼らハーバード大学の研究者により、ウエスタンエレクトリック社ホーソン工場で行われた一連の実験成果をもとに、経営学における人間関係論が形成されていくことになる。一方武藤は、アメリカ合衆国の経営者であったパターソンらの影響も受け、意思疎通制度を確立していくにせよ、一九〇〇年代初頭から実際の経営の中で、生産性の向上のために、従業員の意識や人間関係にも留意しながら、制度の体系化を図っていった。

注意箱制度と社内報の刊行

注意箱の設置意図は、当初、工場操業上の提案の聴取と人材の発見にあったが、さらに従業員の不平不満の解消にもその効果を発揮していった。そして、実施に際しての留意点は、意見を出しやすくする環境づくりと提案への報酬であった。

提案を受けるための環境づくりについては、労使間の「階級的感情を掃蕩する」ことにつとめたが、それが結果的には協調関係を生み、生産性を高めたのであった。また、提案を出しやすくするために、注意箱を支配人宛てのものと工場長宛てのものにわける工夫や、さらに支配人から昇格して専務取締役になっていた武藤自らが意見聴取にあたる「専務直接面会制」（一九一五年）も実施された。

そして報酬面については、一九一九年に出された「回章」によると、報酬の最高額を五〇円から無制限にするような強化がみられた。しかし、同じ「回章」での武藤は、「実際において遺憾の場合少なからず」と述べており、この時点においても提案件数等の課題があった。しかし、社内報の紙面で、提案内容及び報酬面の発表がなされており、制度としての機能は果たしていた。

社内報は一九〇三年六月三〇日に『兵庫の汽笛』として創刊され、七月二五日刊行のものより『鐘紡の汽笛』と改題された。さらに、女工向けとして『女子の友』が一九〇四年一月より刊行された。それらは新聞のような体裁で、『鐘紡の汽笛』は毎月二回、『女子の友』は毎月一回、そ

れぞれ発刊された

それら社内報の発行に際しては、事業の概況や会社首脳者の訓話や教訓等を載せることで、事業に対する知識や興味を涵養し、併せて、従業員の品性を向上させる効果が期待された。すなわち、従業員に対する社内事情の熟知、啓発、そして経営者の意思伝達に主眼が置かれた。

さらに社内報は、地方の男女工の父兄のもとに無料配布された。それは、父兄との親善を図っていくことが、地域における募集上の宣伝、そして移動の防止にも役立つと考えられたからであった。

工場意思疎通委員の設置と意思疎通の熟知

工場意思疎通委員は、男女工手からの意見聴取と、上からの命令伝達を徹底させることを目的に、一九一九年に設置された。制度導入の根拠は、工場という大組織の中でおこりがちになる意思疎通の欠如を克服することと、工手の幸福増進にあった。

委員の任期は一年間で、一カ月に一回会議に出席し、さらに二カ月に一回、専務すなわち武藤への報告を行った。なお、工手からの意見聴取に関しては、操業上のもののほかに、身の上に関する相談についても聞き入れた。

ところで第一次世界大戦前後の時期になると、工手からの意見聴取に強化の様子がみられた。

そこでは、操業に関して、退職者や他の工場からの応援工に対しても聴取が行われ、設備や労働条件等の改善が図られた。そして、特に女工からの苦情や不平不満の聴取と処理にあたった世話係の充実もみられ、この時期には、以前からあった寄宿舎付の世話係に加えて、工場付のものも配置された。

さらに、労働運動が高揚してくる両大戦間期には、労使間の協調のために意思疎通制度の強化が図られた。例えば、一九二四年に出された「従業員一般に当社諸規定を熟知させしむることに就て」と題された「回章」では、注意箱あるいは面会制度を用いて武藤に自由に意見を述べられること、解雇等の処置に対して不服のある時には武藤に審査を申し入れられること、さらに社内報を活用することで、諸規定を一層熟知させていくことなどが強調された。

このように、工場という大組織の中で労使間の意思疎通を果たしていくために、組織的あるいは制度的な方法とともに、経営者である武藤と従業員との直接的な関係も強化させる姿勢を示した。

3　教育訓練制度

教育訓練制度は、すでに鐘紡を含めた紡績企業全体で行われていたものであったが、一九〇五年に男性工員を対象とした鐘紡職工学校が設立され、また各工場に鐘紡女学校や裁縫教授所も設置されるなど、女子教育の充実も図られていった。特に男工については、制度実施の中で示された育成という考えから、長期勤続の慣行が生まれてきた。しかし、男工に比べて相対的に勤続年数が短い女工については、募集上の効果や、士気の向上などが念頭に置かれた。

鐘紡職工学校

鐘紡職工学校は一九〇五年九月に開校され、そこでは技能と品性の向上を図る教育が行われた。職工学校は、武藤の常駐する兵庫支店営業部の監督下に置かれたが、それは各工場任せではなく、会社自らが上級男工の育成を行おうとしたからであった。

入学資格は一五歳以上で、高等小学校卒業、または同程度の学力を有していることであった。そして、六カ月以上鐘紡の工場に勤務しており、工場長の推薦が得られることも合わせて資格として必要で、入学に際しては学業試験と体格試験が課せられた。修業年限は一年間で、給料は在学中も全額支給された。そして卒業後は、三年間勤務することと、五年間、他の同業会社に移らないことが義務付けられた。この上級男工の育成制度から、職工は収入の増加という恩恵を、そして企業は職工の定着や生産性の向上といった利益を、それぞれ得た。なお、一九〇五年の開講以来、一九二一年下半期末までに卒業した者は一一七二名で、この時点で、各工場に勤務する者は五六二名であった。

鐘紡女学校及び裁縫教授所の設置

鐘紡女学校は各工場に設けられ、希望者に対して業務の余暇に修身、読方、書方、綴方、算術、家事、礼儀等を教授した。また、裁縫の技術を修得することを希望する者には、裁縫教授所も設けられていた。このように、男工に対しては主に技能教育が行われたのに対して、女工には一般教育や「花嫁修業」的教育が行われた。そして、品性を高める教育も、男女工に対して行われた。また、女工に対する勤続期間についても男工同様、その長期化が望まれたが、当時の女子労働の性格上、企業が念頭に置いていたのは、概ね結婚するまでの期間であった。そこで女工に対しては、「花嫁修業」的教育を宣伝材料にするような募集への力の入れ方を示したのであった。このように、男女を区別して扱うところが戦前の家族制度の特色といえ、「家族主義的管理」の特色が見出される点ともいえた。

「新入工男養成」及び「補習教育」の実施

「新入工男養成」の実施は一九一六年であったが、第一次世界大戦後の慢性不況期に入っていく一九二〇年の「回章」では、経費節約のために新入工の「精々速成」の検討がなされた。この「新入工男養成」の制度実施の目的は、養成そのものと入社時に多かった移動の防止であった。実施対象は新入男工全員で、以前からＯＪＴとして、生産現場の主席工や責任者による養成は行われていたが、専門の機関を設けて養成を行っていくところに、強化及び充実の様子がみられた。養成にあたっては、これからつく職務に応じて四週間ないし七週間の教育が行われ、養成期間中も賃金は支払われた。

「補習教育」の実施は一九一七年で、対象は在職中の男女工手であり、科目は一般科目と特別科目にわかれていた。一般科目は、会社の制度及び施設の熟知に主眼を置いて構成されていた。そして特別科目には、一般男女工用をはじめ、「炊夫、衛生夫、仲仕、火夫等」にいたるまでの専門科目が準備され、こちらは主に養成面においてその効果を発揮していった。授業は毎日一時間、休憩時に行われ、受講は本人の意思と能力によったが、ここで行われた教育の成績は上司に報告され、昇給ならびに昇進の参考にされた。よってこの制度による職工の利益は、能力向上にともなう所得の増加にあった。なお、この制度は、ドイツにおける「工業補習教育」を参考に導入されたものであった。

武藤は、「実業補習教育」の実施により企業の生産性が向上し、労働者の所得が増大するという考えに立って、この制度を労働問題の具体的解決方法としても提示した。

また、鐘紡の職業教育に対する考えの社会に向けての貢献として、一九二二年に東京市、大阪市、そして神戸市に「職業輔導会」という、失業者を対象とした職業訓練教育機関の設立にも関与した。

4　福利厚生制度

武藤と福田徳三

福利厚生面では、一九〇五年五月にドイツのクルップ製鋼会社の実施例を参考に鐘紡共済組合が設立され、六月より制度が実施されたが、医療や年金などの制度化という観点で、日本の民間企業における先駆となった。また鐘紡では、一九〇三年八月に兵庫工場内で試験的に幼児保育舎を設置したのをはじめ、一九一九年までに四〇件ほどの福利施設を実施している。

武藤は一九〇四年初めに、知人からドイツ語によるクルップ社の職工施設に関する小冊子を送付してもらうと、当時、鐘紡の東京本店に在籍していた長尾良吉を通じて福田徳三（一八七四—一九三〇）に翻訳を依頼し、「職工に関する設備調査書」が作成された。これをもとに同年五月に定款の草案を各店に回付し、一年間費やして実施にあたっての調査研究を進めた。

福田は、一八九六年に現在の一橋大学の前身にあたる東京高等商業学校の講師に着任したのち、一八九八年からドイツに留学し、ミュンヘン大学ではルヨ・ブレンターノ（一八四四—一九三一）に師事した。帰朝後、高等商業学校では一九〇〇年より教授に着任するが、学内での対立により一九〇四年に休職処分を受けた。

武藤と福田の関係については、武藤が鐘紡で労働時間の短縮を試みて好成績を上げたことに福田が関心を持ち、武藤に一状宛てたことが縁のきっかけとなった。すでに両人は、一九〇三年一一月の時点で面識があり、福田はクルップ社の事例を知っていた。

また、福田の記述の中で、武藤は労働者の能率を高めるために、時間短縮のみならず、いわゆる職工幸福増進設備を十分に行いたかったため、西洋の事例を調べてほしいという依頼を福田にし、彼が調べたものを上田貞次郎（一八七九―一九四〇）が執筆して武藤に渡したこともあったとされている（金沢幾子編『福田徳三書誌』二〇一一年）。

武藤はその後について、福田への共済組合制度の導入に向けての相談がきっかけとなって、時折、資本家が不評判の時も、彼は好意的であったとしている。第一回国際労働会議に雇主側代表を選出する際も、雑誌『改造』第一巻第四号（一九一九年七月）の紙面上で、福田は武藤を第一の適任者としてあげている。その評価は、「武藤氏は労働問題の実際的施設者としては、日本一の先覚者にして、その実施の成績に就いては、種々の評ある可しと雖も、少くとも鐘紡が善意を以て、文明的施設を為したるは、世人が未だ労働問題に無関心なりし一昔二昔も前の事なり。氏はまた西洋の事情にも精通し一個の人格者としての修養深し。さらに福田は、各国委員の間に伍して、甚しき遜色を見ず」というものであった。さらに福田は、武藤を推薦する案が成立しない場合は、西洋知識の不足を補うために河上肇、安部磯雄、米田庄太郎といった補助者付で、倉敷紡績の大原孫三郎（一八八〇―一九四三）を推している。

鐘紡共済組合

鐘紡共済組合は一九〇四年より準備がはじまり、翌〇五年から実施された。一九〇六年に刊行された上村耕作『労働保険論』によると、鐘紡共済組合が日本における「労働保険の先駆」とされている。また、一九一一年に刊行された森弘元『労働保険論』は、「法令に基かざる相互救済の制度として、今日我国に存在する主なる」企業内にある諸組合組織を挙げる中で、「見るに足る可きものは独り鐘紡共済組合及び三菱造船所救護基金あるのみ」としている。

鐘紡共済組合の組織としての目的は、「職工の病災不幸を救済癒籍し、以て間接に労働力を増進し会社及び職工共に利益幸福を享受する」ことで、具体的には疾病、負傷、妊娠により労働能力を減少または喪失した者、もしくは死亡者の遺族に対して救済をなした。すなわち、会社側の制度実施の目的は労働力の増進にあり、この目的のために、職工の生涯にわたる生活の保障を会社が行っていくことと、さらに職工の家族も救済の対象に含めること等が理解される。このような福利厚生制度の充実は会社の評判を良くし、職工の家族に対してや、職工の出身地における次の募集機会等にも効果をあげた。

なお、この共済組合制度は、途中、年金制度の拡充にみられるような発展もあったが、健康保険法の実施にともない一九二六年に廃止され、その後は、基金を残し、ある程度の救済を行う形で名前をとどめた。

職工幸福増進係

職工幸福増進係は、一九〇五年に鐘紡の経営上の中枢機能を担う、兵庫支店内の営業部に設置され、支配人である武藤の直属のもと、幸福増進の一切を統括した。その職務は、支配人と工場との間の連絡係になることであった。係は職工の満足を期すために、奨励、懲罰、衛生、救済、そして慰安等についての報告を各本支店工場から受けて、支配人に上申するとともに、支配人の許可を得ると工場長に照会や交渉を行った。

ところで、この職工幸福増進係の設置についての「回章」では、幸福増進の設備の実施及び改良は、日露戦争の好景気を背景に完成してきていること、会社は営利を目的とする以上、「純粋なる慈善」は施せないにしても、職工の幸福増進は会社の利益にもつながると考えられたこと、そしてアメリカ合衆国の例に習い、係の設置を考えたことなどについて触れている。

福利厚生関係の諸制度

先に触れた共済組合や職工幸福増進係といった制度、さらに社宅、寄宿舎、食堂、医療施設、療養施設、学校関係、そして託児所といった施設以外にも、次のような諸制度があった。

鐘紡軍人救護会

鐘紡出身の軍人及びその遺族の救済を目的とした鐘紡軍人救護会は、一九〇四年に設立された。会は重役会の決議により設立され、従業員の有志が会員となった。

鐘紡同志会

鐘紡同志会は、のち（第4章1）に詳述する投機家の鈴木久五郎による鐘紡株買占事件（「鈴久事件」、一九〇六年）に際して組織された。会の目的は、会員の団結、会社の擁護と繁栄の実現、そして会員の幸福増進で、会員は全従業員であった。この事件に際して武藤は、経営から一時退いたが、鐘紡内部から武藤に対する信任運動がおこり、彼の退職金のうち一五万円を基金として会は設立された。

会の設立時点では、投機家から会社全体を守ることに主眼を置いて組織されたが、経営者武藤により主導され、彼への信任組織でもあったため、結果的に労使間の協調に寄与していった。また、鐘紡では一九三〇年に争議がおこるまで、労働組合は組織されなかった。

救済院

「鐘紡独自の施設であり、他に類をみないものである」とされた救済院は、一九一五年に設立された。救済院は退職者及びその家族を救済する機関で、生活困窮者に対して、職業の斡旋や生計に必要な救済を行った。すなわち、退職後の元従業員やその家族も救済の対象と考えた。また、このような救済の考えを徹底した様子として、生活難に陥っていたり、消息が不明であったりした退職者及びその遺族に対しても、扶助料や恩給金を支払うことで救済を充実させた。

5　操業法

鐘紡では一九一二年にアメリカ合衆国のF・W・テイラー（一八五六―一九一五）により提唱された科学的管理法を導入するとともに、それに対する不足感から、精神的操業法（一九一五年）や家族式管理法（一九二〇年）といった精神面や人間関係を重視した管理方式を実施していった。

「科学的操業法」

科学的管理法は二〇世紀初頭にテイラーにより体系化されるが、日本では労働者保護法である工場法の一九一一年の公布から、一九一六年の同法施行にいたる流れの中で、就業自体や時間上の制限に対応する労働効率の向上への関心などから紹介された。テイラーは一九一一年に *The Principles of Scientific Management*（『科学的管理法の諸原理』）を刊行し、早くも年内には横河民輔により纂訳されているが、鐘紡の導入は日本の紡績業界における先駆けとなるとともに、産業界全体においても先見性が指摘できるものであった。

なお、この「科学的操業法」の導入後、好成績を収めたことが確認されると、鐘紡では「補習教育」の一科目にもなった。また、この操業法の提唱がきっかけとなって、科学的観点に立った労働時間と作業効率との関係や、標準動作などの研究が行われていき、それらの効果も認められた。

ところで、武藤が鐘紡で実施した「科学的操業法」は、テイラー自身が考えた全くそのままの形で実施されていった訳ではなかった。間宏『日本における労使協調の底流』（一九七八年）における見解も交えて説明すると以下のとおりとなる。

テイラーの「利益を増加させることに労使が協調する」という考えと、その結果として「利益が非常に増加すれば、その配分をめぐって労使が相争う必要もなくなる」という考えは武藤とも共通した。しかしながら後の武藤は、テイラーと同様に物質面や合理性にも重きを置きつつも、併せて、精神面からの能率向上も強調したのであった。さらに武藤自身にとっては、このような時間研究や動作研究に匹敵するものは以前にも試みたことがあり、別段新しい方法とは認めていなかった。

また、労使協調のあり方についても、考えの違いが認められた。テイラーの場合は「デモクラシー」的発想からのものであったが、武藤の場合は、もちろんデモクラシーを十分理解しながらも、当時の日本の社会風土に合わせて、「タテの人間関係」の中で温情を重視する「家族主義」的な考えに立つものであった。

「精神的操業法」

「精神的操業法」は一九一五年に武藤自らが考案したもので、これまですでに行われていた鐘紡の伝統である「温情的工場操業方法」に加えて、「科学的操業法」に対する不足感から導入されたものであった。この「精神的操業法」では、「人の動きの分量は同一」であるという考えに立った上で、時間研究や動作研究といった「科学的操業法」の手法は継続しつつも、むしろ精神面から労働の質的向上を果たそうとした。そして、精神面を強調する以上、特に人間関係のあり方が重視され、工場長ほかの上に立つ者への指導を強化するとともに、部下への積極的な接触も呼びかけた。さらにその接し方については、言動に注意するとともに、誠心誠意尽くしてあたっていくことで、良い感化を与えていくように提言した。そして武藤は、この操業法が功を奏せば監督者の労苦は減り、職工は収入を増す効果があるとの期待を示した。

また精神的という観点に立つと、懲罰等に対する再検討がこの頃に行われ、「温情主義」にもとづく不解雇主義の考えもより徹底された。

「家族式管理法」

「家族式管理法」は一九二〇年に示されたが、この管理法の目的は、主人の温情が十分に施されていた昔の日本の家族制度のように、会社の管理組織を一家族のごとくに協和的にさせることであった。それまでの鐘紡は、つとめて官僚的な空気を排する全員一致の態度を採ってきたが、大工場の中において、武藤が理想とするところとも行き違いが生じてきたので、この管理法が案出された。

なお、このような理想を達成していくためには、仕事に興味を持たせるため、十分に協議を行っていく方針が示されたが、この時期は労働問題が高揚してくる時期であり、重役と使用人、あるいは上役と配下といった階級的関係、もしくは上下関係の観念を一掃していく考えもみられた。また、協議のために毎週一回、商務会議と工務会議が行われていたが、このように武藤が意思の疎通を盛んにさせようとしたのは、各人の接触する機会が少なくなると、不平や反感が生じると考えたからであった。

第4章　鐘紡における企業統治と経営観

1　鈴木久五郎鐘紡株買占事件への対応

三井銀行からの自立と共存

武藤は一九〇〇年一月に鐘紡全社の支配人に就任したが、同年五月に清国で義和団事件がおこると綿糸も含めて輸出が途絶し、綿糸相場が暴落するとともに金融難も発生した。そして、同年の四月から六月にかけて、新聞社の二六新報が三井攻撃の記事を連載した影響で、三井銀行から預金引き出しが増え、攻撃の対象となった中上川彦次郎の地位が低下するとともに、日本銀行に頼るような事態も発生した。

このような三井銀行からの融資に頼れなくなった状況の中で、鐘紡内部では住道、中島、洲本の三工場の買収資金約百万円の借入金があったため、資金繰りに大変苦慮することとなった。そこで武藤は、日本銀行、横浜正金銀行神戸支店、三菱銀行神戸支店に融資を申し込むことで難を切り抜けた。その際、日本銀行に担保として入れていた中国産綿花が痛んでしまった上、三菱銀行神戸支店長の荘清次郎から武藤は、固定資産を借金で繰り回す経営の誤りについて懇々と諭された。それまでの武藤は、鐘紡の経営に全力を挙げていたにせよ、背後に三井銀行があるため、会社の財政面には甚だ無関心な状態であった。

その後、一九〇四年に日露戦争がおこると、この義和団事件前後の金融難のことが武藤の脳裏をよぎり、金融の準備のために三井銀行におもむいたが、そこでの三井物産への融資を優先しなければならないとする返事は、彼を狼狽させた。そこで、木村久寿弥太（一八六六—一九三五）が支店長をつとめていた三菱銀行神戸支店に、六〇万円という高額であったが融通を申し込んだ。すると、木村はその夜上京し、本店重役会議で承認を得て翌日帰神した折に、武藤に承諾した旨を伝えた。武藤は、「あの時木村氏の与えられた援助はその後深く心に銘している」と述べている。木村は、一九二二年に三菱合資会社の総理事となった人物でもあった。

それ以来、三井・三菱の両行を鐘紡の取引銀行と定め、両行には詳細にわたる会社の金融の内情を示す報告書を提出し、一切の金融は両行に依頼して、固くその義務を守っていった。武藤は、今日の鐘紡があるのは、草創期における三井銀行からの救済と、非常時に三菱銀行から受けた金融上の援助に負うところが大きく、このことを永久に忘れてはならないとしている。そして彼は、どこまでも忘恩の行いをしてはならぬと常に戒めたので、この精神は永久に会社のあらん限り伝えられると信じたのであった。

このような経験から武藤は、借金の心配があると経営に全神経が打ち込めず、借金ほど心を案すものはないので、くれぐれも事業家は短期の借金はしないことと、もし借金をするなら、取引銀行に普段から経営内容の仔細を打ち明けておき、借金のために苦しまない用心を勧めた。

鈴木久五郎による鐘紡株買占事件

三井銀行を地盤に三井の工業主義を推進し、鐘紡にも梃子入れしていた中上川が一九〇一年一〇月に死去すると、やがて三井の方針転換により、一九〇五年上半期以降、鐘紡株が大量に放出されることとなった。このことには、特に晩年の中上川と三井家の顧問格であった井上馨との感情の疎隔や、中上川が三井の事業に積極経営の立場を取ったのに対して、井上は消極緊縮を好んだことが影響したとされている。兵庫にいた武藤は、東京の朝吹英二から売却の第一報を電話で受けると、胸が張り裂ける思いがした。

三井銀行では中上川に代わって早川千吉郎が専務理事につくが、銀行も含めた三井の事業改革は、三井物産の益田孝が三井家同族会管理部専務理事の立場から主導し、商業主義へと転換されていった。益田は三井銀行に対して、有価証券や不動産所有の過多と鉱工業への大口貸金の固定化を指摘し、特に鐘紡株を含めた有価証券については、担保として残すべきものを除いて極力売却するか、三井家へ移譲させる方針を示した。

そこで、一九〇五年までに鐘紡の総株数一一万六〇六八株のうち、合名会社三井銀行だけをみても三万八二〇〇株中二万株を放出し、ほかに三井物産関係者の名義で保有していたもの等も合わせて、鐘紡と原綿の取引があり、既存の株主でもあった呉錦堂（一八五五―一九二六）及び彼の関係者に引き取られた。呉は三回にわたって鐘紡株を譲り受け、そのうち初回がおよそ一万五千株、二回目がおよそ二万五千株であったとされている。そして五万近い株式を保有する呉は、空売りとその買戻しを行うことで利食いしていたところ、一九〇六年に投機家の鈴木久五郎（一八七七―一九四三）により買い占められる事件がおこった。さらに呉は、仲買人から追敷金の支払いも迫られたが、武藤の斡旋と木村久寿弥太や豊川良平の好意により、三菱銀行から融資を受けることができた。

鈴木が鐘紡に対して倍額増資を要求したことで、支配人をつとめていた武藤との対立が決定的となり、従業員から留任運動がおこる中、武藤はいったん鐘紡を退職した。しかしながら鈴木は、借金と株価の暴落により破産し、彼の保有していた株は安田銀行関係に渡り、一九〇八年一月に武藤は専務取締役に就任することで鐘紡に復帰した。この事件のさなか、武藤の主導により鐘紡同志会が設立されるとともに、その後、一九一七（大正六）年には従業員持株会のさきがけといわれている鐘紡維持会（のちに鐘紡同声会と改称）が設立されるが、そこには役員と従業員が一丸となり、投機家から会社を守るという姿勢もみられた。

この「鈴久事件」により武藤は、投機を目的とした株主への対処について大きな教訓を得るが、彼の考える株主対策と、従業員の優遇策及び企業の好業績化との関係は次のとおりであった。

不当な株主からの支配の排除→（増資による一時的な利益の供与ではなく、）増資をできるだけ制限することによる高配当と高株価の実現→株主の安定と彼らからの信任→長期的視点に立つ経営の実現と従業員の福利充実→従業員の士気の高まりによる高生産性と高収益の実現……

さらに金融面では、内部留保を積極的に推進して経営の安定化を図るとともに、資金の調達にあたっては、一九〇八年に日本の民間企業では初とされる外資の借入れが、フランス商工銀行を調達先として行われた。そして、鐘紡の第一回の社債発行は一九〇三年に行われたが、その後は、企業の認知度と好業績から比較的有利な条件で行えた。

定款改正による株主からの企業防衛

武藤は一九〇〇年一月の支配人就任以降、実質的に鐘紡全体の経営現場を統括してきたが、一九〇八年一月から専務取締役に就任し、途中、一九二一年一月より半年間、日比谷平左衛門の逝去にともない会長職を兼任するが、一九二一年七月より新たに社長職を設けて、一九三〇年一月まで在職した。この武藤の肩書きは、武藤の社長就任により会長職がなくなることからも、今日でいう会長職のイメージであり、もちろん彼が最高責任者であったが、実際の経営では、すでに彼を補佐する生え抜きによる経営トップ層が形成されていた。

武藤は、社長就任にさきがけて一九二一年六月に開催された株主総会で、定款の改正を提唱・実施した。そこでは、従来の会長を社長、専務取締役を常務取締役とした上で、それらへの就任にあたっては五年以上、会社の業務に従事した者に限るとした。これは、株主による不当な支配を未然に防ぎ、真面目な株主と従業員の幸福を守るためであるとし、彼ら経営トップ層は、他会社の役員につくこともできなかった。そして、増資に対する制限を設けるため、資本の四分の三以上にあたる株主が出席した上で、過半数以上が賛成しなければ、増資はできなかった。さらに、社長の任期は三年で一期とし、継続的であるか否かにかかわらず三期までとし、社内の新陳代謝を促した。武藤はこの規定にしたがって、一九三〇年一月に社長を退任し、相談役についた。そして、政界活動に乗り出すにしても、他社の役員を兼任することはなく、一人一業主義をつらぬいた。

なお、このような武藤が改正した定款の要綱のことを聞き知ったJ・A・シュムペーター（一八八三—一九五〇）は、「世界各国の実業界に類を見ない賢明なものと評した」（『武藤山治全集第二巻』一九六四年）とされている。

2　第一回国際労働会議への出席と「温情主義」経営をめぐる論争

一九一九年一〇月に、アメリカ合衆国のワシントンDCで第一回国際労働会議が開催されたが、この会議における労働時間や深夜業の廃止といった議題は、紡績業界にとって関係が深かった。そのため、同年八月に大日本紡績連合会は臨時総会を開催し、武藤を雇主側代表として推薦することを決定した。この時、大日本紡績株式会社社長で紡連の委員長であった菊池恭三（一八五九―一九四二）、和田豊治、そして武藤が候補者に上がったが、菊池や和田は強く固辞した。

続いて九月に、六大都市の商業会議所会頭及び資本家代表が農商務省に集まった会合で、藤山雷太東京商業会議所会頭の指名により、武藤を雇主側代表とすることが確定した。また、政府側代表には鎌田栄吉と岡実がつき、労働側代表は本多静一、高野岩三郎（東京帝国大学教授をつとめていたが、この選出問題により大原社会問題研究所所長に転じた）とあいついで候補者が辞退する中で、鳥羽造船所技師長の桝本卯平がついた。なお、桝本の就任については、大日本労働総同盟友愛会等への連絡が不十分であったこともあり、反対運動が展開される一コマもあった。

第一回国際労働会議の議題の中で、特に日本の産業にかかわったのは、八時間労働制の実施と少年及び婦人の夜間労働の禁止であった。この会議の席上の武藤は、日本の対外競争力の低下を懸念するとともに、むしろ福利厚生面の充実が、労働者の幸福増進や労働問題の解決につながるとし、英文で記された鐘紡の『従業員待遇法』を会議の出席者に配布した。

また、武藤のこの国際労働会議への出席がきっかけとなって、彼は吉野作造（一八七八―一九三三）や河上肇（一八七九―一九四六）と論争を交わした。その主たる争点は、労使関係を親子関係になぞらえる「温情主義」・「家族主義」が、労働者の権利の認識に弱い点や、鐘紡の株主に対する高配当政策で、一九三〇年一月の武藤の任期満了にともなう引退後におこった鐘紡争議（一九三〇年四月）でも、それらは争点となった。

武藤の「温情主義」・「家族主義」の特徴

武藤は、全社支配人に就任し、経営の安定もみられるようになった日露戦争前後の時期から、「温情主義」経営の具体的方策を形成し、確立していった。武藤の「温情主義」経営の特徴を、ほかの企業や経営者の場合と比較すると、以下の三点に要約できると考える。

第一に、間宏『日本労務管理史研究』（一九六四年）によると、鐘紡の「経営家族主義」は、国鉄や王子製紙などと並んで、明治末という比較的早い時期に完成され、またその成功は他企業の見本となったことである。このことから明らかなとおり、鐘紡の管理方式は、戦前の日本的労務管理の一つの典型を示すものであった。さらに、鐘紡の「温情主義」の形成においては、多分に武藤個人の抱いていた考えに負うところが大きかった。

第二に、武藤は第一回国際労働会議に出席したことを契機として、政治的な見地から労働問題に対する発言を行っていったが、そこにみられる考えの根底には、やはり鐘紡の経営を通して確立した経営理念があったことである。そして武藤は、「温情主義」経営の中で示した従業員への福利厚生面の考えを政治的に拡大する一環として、健康保険法（一九二二年公布、一九二六年より実施）や救護法（一九二九年公布、一九三二年実施）の制定にも関与していった。

第三に、一九二六年に刊行された自著『実業読本』にみられるように、武藤は彼自身の鐘紡経営観において、倫理的な実業の精神の必要性を説いていったことである。

武藤は鐘紡への入社直後、中上川彦次郎や朝吹英二の影響を受け、やがて彼独自の「温情主義」を形成していったが、彼が職工優遇の考えを持つにいたったのも、やはり中上川と同じく職工を優遇することが、企業の生産性の向上につながるという合理主義的見地に立ったからであった。それが結果的に人道上においても、従業員の労働条件の向上に貢献していったのであった。

さらに武藤は、青年期の渡米経験により国際感覚を身につけ、このことにより欧米の経営方式の先進事例を多く取り入れていったが、これが鐘紡の労務管理方策の先駆性にもつながった。例えば、鐘紡の福利厚生の中心をなし、日本の民間会社の相互扶助制度の先駆をなした共済組合制度、また鐘紡の意志疎通体系の根幹をなす注意箱制度や社内報の刊行、そしてテイラーの科学的管理法の導入などがあげられる。

また株主対策も、経営に対する信任を得るためや、企業運営の安定のために必要であった。さらに理念の明確化ならびに強化のために、武藤は「科学的操業法」（一九一二年、テーラーシステムの導入）、「精神的操業法」（一九一五年に考案）、そして「家族式管理法」（一九二〇年）などの操業法を提示していった。

ところで、「温情主義」という言葉は、第二次世界大戦前の日本では、「上に立つ者のかれに従う者への人情に富む態度を指していた」(間宏「日本における産業化初期の経営理念」一九九〇年)。そして、一般に大正から昭和にかけての労使関係では、武藤のみならず、そのほかの経営者の場合にも、家族関係における「親子の愛情のような心理的結合の側面」を重視していった(間宏『日本労務管理史研究』一九六四年)。

「温情主義」・「家族主義」は、今日のような労働三権が確立された中での対等な労使関係としてではなく、時代の制約があるとはいえ、温情にもとづく上下関係とみれるものなので、やはり、そのような協調関係においては、企業側からの専制的な面もみられた。しかしながら武藤は、のちに詳述するように、吉野作造らから「温情主義」・「家族主義」の専制的な側面を指摘されながらも、統制と従業員への配慮とのバランスを取り、しかも彼の経営した時代の鐘紡は高収益企業であり続けたので、労働争議に直面することはなかった。

リッカートの経営管理システム理論に照らし合わせた武藤の「温情主義」の特色

第二次世界大戦後になるが、アメリカ合衆国のミシガン大学社会科学研究所に在籍したR・リッカート(一九〇三―一九八一)は、一九六七年に著した『組織の行動科学』の中で、経営管理システムとしての組織特性と業績特性の関係について考察した。そこでは、組織体のシステムを専制的なものと参画的なものに区分し、独善的専制型(システム1)、温情的専制型(システム2)、相談型(システム3)、集団参画型(システム4)の範疇があるとした上で、多くの企業組織がシステム2やシステム3の状況にある中で、システム4が望ましい組織であるとした。なお、比較する項目としては、①動機づけ、②コミュニケーション、③上下間の相互作用、④意思決定過程、⑤目標設定や命令、⑥統制過程、そして⑦業績があげられている。

武藤の経営した時代は、この一九六〇年代に行われたリッカートの研究の三〇年以上前で、しかも彼の経営の現場はアメリカ合衆国でなく日本であったが、右の比較項目に当てはめてみると、文字通りのシステム2の温情的専制型より、むしろシステム3の相談型に相当した。

例えば、武藤の従業員に対する態度は好意的で、動機づけのために、経済的安定、家族的な親和性、メンバーシップ、地位の向上等を活用した。また、コミュニケーションに関しては、彼は現場主義で、特に支配人として経営の第一線についた時期には現場に密着し、経営の中枢にあたる営業部も兵庫支店内に置いた。そして、彼から中間管理層に対して発せられた「回章」では、命令のみならず意見を求め、社内報や注意箱、そして面会の制度なども活用し、一般の従業員からも提案や意見を尋ねるようにつとめた。このように、上下間や時には横に対しても情報伝達が頻繁で、集団参画型にも開かれたコミュニケーションであり、統制も取れて卓越した業績をあげた。

武藤式労働問題解決法

武藤の労働問題及びその解決に対する考えをみていくには、「我国労働問題解決法」（『経済雑誌ダイヤモンド』一九一九年八月一日号に掲載）が最もまとまったものと考える。その構成は次のとおりであった。

緒言

一　労働問題の解決法は西洋と日本と同一なるべからざる理由なきも其解決は之を今日に於て明白にせざるべからず
二　温情主義を排斥する学者論客は誤れり
三　金持に慈善税を課すべし
四　実業界を廓清すべし
五　労働者と資本家の争いに警察の干渉を見合わすべし
六　速かに労働組合法を制定すべし
七　老衰者及び病者救済法を速やかに制定すべし
八　許可権を調査し其不用なるものは廃止すべし
九　大臣送迎の原因を根絶すべし
一〇　皇室財産中林野及び株券を処分すべし
一一　学者は其本文を守られん事を望む
一二　労働者にも自省を望まざるべからず
一三　金持は労働者より多く自省せざるべからず

一四　政治家は何人よりも責任の大なるを知らざるべからず

まず一で武藤は、いわゆる欧米流の労働者の権利獲得によってではなく、日本の国情にあった方式によって労働問題を解決していくことを主張する。具体的には、「温情主義」にもとづく解決方法を考えた。

ところで武藤が、彼独自の「労働問題解決法」を考案する上で念頭に置いた点は、労働者の労働の実状と対外競争力であった。特に労働の実状については、工場の大組織化の中で、雇主による「温情」が十分に施せなくなって来たために、労働運動が高揚してきたと捉えていた。さらに、西洋における労働問題が日本の労働者に与えた影響も、労働運動の高揚の原因であるとみていた。武藤は西洋の労働の実状について、次のような考えを持っていた。

「西洋の労働史には、温情主義の時代なし。故に労働者は権利を主張す。是止むを得ざる次第也。」

武藤は国情に照らして、「温情主義」にもとづき労働問題を解決していくことが最も適切であると考えた。さらに彼は、二と一一において「温情主義を排斥する学者論客」の批判を行った。また武藤は、対外競争力の強化のためにも「温情主義」を主張した。そのためには「温情主義」

にもとづく労使間の協調が必要で、さらに対外的な競争力を強化していくことによって、低賃金や長時間労働などの問題が解決されると考えた。

なお、このような武藤の考えは、彼が出席した国際労働会議においてもみることができた。会議の中心議題は、一日八時間または一週四八時間労働制の実施による長時間労働問題の解決であったが、雇主側ならびに政府側の意見により、日本は原則一週五七時間労働とする特殊国扱いを受けることになった。

ところで、この時、特殊国問題委員会委員長をつとめたのは、英国政府代表のG・N・バーンズである。武藤はのちに、一九二三年に刊行された彼の自伝を、一九二四年に大阪毎日新聞社より『職工より大臣へ』と題して翻訳出版した。バーンズは、労働時間の短縮について、英国で一〇〇年以上かけて成し遂げてきたのに対して、三、四〇年の歴史しか持たない日本の産業に対して強いることは、不可能な提議をなすものと捉えた。武藤は、労働問題の解決のためにも、資本と生産の増大による対外競争力の強化を第一に考え、それを現実的な方策だと述べた。

しかし、労働問題は現実に深刻化しつつあり、また「温情主義」実施のための法的手段もない以上、実施されるべき政策を検討しなければならなかった。さらに政策が実施されるためには、政府に対する労使双方からの働きかけが必要であった。そこで労使及び政府への反省を促すとともに、労働問題に対する具体的な解決策を提唱したのが、一一を除く三以下の内容であった。

まず国が行うべき政策として、六において労働組合法と、七において「救済法」の実施があげられている。なお、この組合法の制定に際し、労使協調を円滑に進めていくために、五において、労働運動を規制する治安警察法第一七条の適用を検討し直す意見が述べられている。さらに組合法の制定に際しては、オープンショップであることが強調され、このことにより、「温情主義」に無理解な雇主のもとで働く労働者が、その対象として念頭に置かれていたことが確認できる。このように武藤の「温情主義」は、政治的・思想的に「開かれたデモクラシーへ進む実践性を持っていた」（長幸男『実業の思想』一九六四年）といえる。

また、労使協調のために、労働者の「救済法」の制定も必要であった。特に「老衰者及び病者」を対象に、救済と年金支給を制度化していくことによって、労働者は安心して職に従事できると武藤は述べた。さらに、生活苦から生じる資本家への反感意識を回避していく意図もあった。彼は、労働問題の深刻化が生産力を減退させ、ついには労働者の生活向上も実現できなくなると考えた。彼は、このような考えを持って国際労働会議に出席し、「救済法」の世界的立法化を提唱するとともに、国内でもそれを政策として実施させていこうとした。

最後に、武藤が考えた労働問題の具体的な解決方法は、一二の中で述べられている政府による「実業補習教育」の実施であった。その教育内容は、実業教育と精神教育とからなり、企業の業績向上と労働者の収入の増加、また、共通の利害のもとでの労使間の協調が成果として期待された。そして彼は、労使間の協力によって政治改革を促していくことで、「我国特有の労働問題解決法を見出し得る」と述べた。

吉野作造と河上肇の武藤批判

吉野作造は、「資本家の労働問題観――武藤山治氏の『吾国《ママ》労働問題解決法』を読む――」と題した論評を、一九一九年九月に雑誌『中央公論』に発表し、労働者側の見地から武藤の「温情主義」の問題点を指摘した。

まず、吉野はこの論評において、武藤の考えを次の四点にまとめた。

(ア) 日本の労働問題は、日本特有の方法により解決を図ること

(イ) 労働問題の解決のために、労働者の反感を挑発するような弊害を取り除いていくとともに、彼らのための救済方法を講じていくこと

(ウ) 西洋の学理や流行に追随する学者の労働者に対する煽動論を慎ましめるとともに、併せて労働者並びに資本家の反省を促すこと

(エ) 労働の状況を研究し、解決案を労働者と資本家の協議によって定め、その実行を政府にもとめること

その上で吉野は、日本の労働問題は西洋と同じく労働者の権利獲得の問題であるという見地に立って、武藤の考えの問題点を指摘した。吉野の視点に立って、武藤の考えとの相違点をあげると、概ね次の五点に要約される。

(一) 労働問題とは、資本と労働の関係の問題である。したがって、権利の獲得によって労働者

の地位が向上すれば、武藤のいう幸福増進は自然と図られ、労働問題の解決にもつながる。

（二）現在の労使関係は、非人格的関係の上に成り立つ以上、人格的関係を重んじる「温情主義」を、労働問題の解決方法とすることは適切ではない。

（三）武藤が、労働問題の解決方法として「温情主義」を良しとしても、鐘紡以外の企業がそれに追随し得るはずがない。それよりも問題解決のためには、労働者の権利を保障するための政策（「労働組合権」及び「同盟罷業権」の承認）が、まず実施されるべきである。

（四）労働者は権利獲得を要求しているので、「実業補習教育」よりも大学進学の方を望んでいる。

（五）株主に対する高配当への批判

吉野は、「労働会議の代表者としては、今日の日本に於て資本家中の最良のものであろう」と武藤を評しながらも、労働問題の意味を全然理解していないことには大いに失望したと述べている。吉野によると武藤は、労働問題とは個々の労働者の生活上の利益幸福の増進を図る事と考えており、「産業組織に於ける資本と労働との一般関係如何の如きは、全然（中略）念頭に無い」のであった。この考えが、先にみた（一）の批判点の根拠になっている。吉野の論理によれば、「若し労資両者が産業組織に於て、各々正当の地歩を占めるようになったら、殊更に地位の向上を計ってやらなくとも、労働者の利益幸福は自ら増進する」のであった。

さらに、「氏（武藤）の今日迄の経営は、真に誇示するに足る立派なものであることは普く世の知る所である」としながらも、「斯うさえして置けば労働問題は起らない、又、労働問題の解決は之に尽きて居ると考えるなら大なる誤りである」と述べている点は注目に値する。武藤の社長退任後になるが、一九三〇年四月に鐘紡においても、実際に争議がおこったのである。

「家族主義」は国家のイデオロギーであり、武藤のように、労使関係を親子関係になぞらえて捉えていこうとした「温情主義」は、まさに現実的な方策であった。さらに武藤は、労働問題に関して「権利の方面のみ誤り伝えられて、義務の方面は輸入されて居らない」と考えており、鐘紡における「温情主義」にもとづく経営に確信を抱いていた。

そして、先に五点にわたって武藤と吉野の意見の相違を要約したうちの（二）、（三）、（四）からも、吉野の労働者の権利獲得という観点をうかがうことができる。

吉野は、ただ単に「温情を以て労働者と接すべし」という道徳上の心得としては、武藤の「温情主義」に反対しなかった。しかし、資本主義の経済組織の発展にともない、国の東西に関係なく、「傭主と被傭者との関係」は、「人格的関係から非人格的の契約関係」に変化していくのが当然であった。これが、吉野の（二）日本において、「温情主義」をもって、労働問題の解決方法とすることに対する反対の根拠であり、（三）「労働組合権」や「同盟罷業権」の承認を主張する理由であった。

一方武藤は、大工場組織の中においても、「温情主義」の諸制度を体系化していくことで、人格的な関係にもとづく労使関係をつくり上げていこうとした。そして雇主の「温情」によって、労働者の幸福増進を図っていこうとしたのであった。このようにして武藤は、労使協調を実現させていこうとしたが、吉野は、「温情主義」のもとでの協調関係のあり方についても問題点を見出していた。それは、労働者に雇主の誠意を信頼させることによって、彼らの権利要求を放棄させる点であった。吉野は、「温情主義」が持つ専制的な一面についてもみていた。

また、武藤が問題解決策として提唱した（四）「実業補習教育」についても、吉野が反論したように、労働者の権利要求という観点に立つと、労働者がこれに甘んじるとは考えられなかった。

鐘紡争議（一九三〇年四月）は、労働者の権利獲得要求に端を発しておこったといえた。

特にこの争議の争点となったのは、（五）株主に対する高配当であった。争議発生当時、鐘紡は不況に対処していくため、従業員に対して減給措置を行った。他方、武藤にとって、高配当は業績の良い会社であることの指標であり、従業員は株主の承認があってこそ、会社からの優遇措置を受けられるのであった。しかし株主に対する高配当は、減給措置とともに、労働者の資本家に対する不平等感を高め、争点の中心になったのである。

吉野とは別に河上肇（一八七九―一九四六）も、「ロバート・オウエン（彼れの人物、思想、及び事業）」（『社会問題研究』十八・十九冊、一九二〇年八月・九月）、「武藤山治氏よりの書簡」（同二十二冊、一九二一年四月）において、ロバート・オウエン（一七七一―一八五八）と比較しつつ武藤の経営や、彼の株主への高配当政策に対して批判を行った。

武藤は、吉野と河上の考えに対して反論していくことで、自己の経営者としての立場を明らかにしていった。

例えば吉野に対しては、「吉野博士は、労働者の幸福を物質のみにて解釈せんとせられ、予は物質精神の両途に出る」（「吉野博士に答ふ——予の『労働問題解決法』に就いて——」『経済雑誌ダイヤモンド』一九一九年九月一一日〔『武藤山治全集　第四巻』一九六四年、所収〕）と、双方の意見の不一致の理由を述べ、河上に対しては、「オウエンは慈善家にて最後は一文なしに世を終り候篤志家に有之候。小生は株式会社の番頭に有之候間、小生をオウエンと比較して批評せらるゝは当を得ずと存候。若し小生にして貴下の称賛を博せんと欲せば、小生は吾社を破産せしめざるべからず。かくの如きは小生の位置の許さゞる処に候」（『私の身の上話』〔一九三四年〕中の「武藤山治から河上肇への書簡四」一九二〇年九月二七日〔『武藤山治全集　第一巻』一九六三年、所収〕）部分の終わりと、オウエンは資本家経営者の慈善家であり、武藤は専門経営者であることから、武藤は自らの立場や意思から、企業を破綻させてまで、労働者の救済はできないと述べた。

このように武藤は、専門経営者の立場から、資本と生産の増大を第一に考えなければならず、企業の競争力を高めて業績を良くすることが、労働者の「幸福増進」にもつながると考えたのであった。

3　鐘紡争議と「温情主義」

武藤の社長退職前後の鐘紡

武藤は自ら定めた定款にしたがって、三期目を終えた一九三〇年一月をもって社長を退任し、長尾良吉と交代した上で相談役になり、経営の第一線から退いた。また退任に際し、株主や従業員からの留任運動がおこったこと、そして社長退任三カ月後の昭和恐慌のさなかに争議がおこった事実に着目すると、争議発生以前の鐘紡経営の成功は、武藤の人物や手腕に負うところが大きかったと考えられる。

しかし、先にみた吉野や河上の武藤の「温情主義」に対する批判のほか、武藤の社長退任前の鐘紡経営について、いくつか留意しておかなければならない点があった。

第一に、労務管理に際して、武藤は従業員との直接的な関係も重んじることで、意思疎通を徹底させようとした点である。

一九二四年に出された「従業員一般に当社諸規則を熟知せしむることに就て」という「回章」では、従業員の不満に対する意見を武藤自らが直接聞くために、「注意書（箱）」制度、面会制度、そして「不解雇主義」にもとづいた再審制度を設けていることを確認した。もちろん、社長である彼自らが、従業員との間の意志疎通を一層推進していこうとする姿勢は評価できる。しかしながら、武藤の個性ゆえに可能となった意思表示や仕組みともみてとれる。

さらに、一般従業員が自分の意思にしたがって社長のもとにおもむき、実際に話しやすいかという疑問も残る。この「回章」は、社内報でこのような仕組みがあることを機会あるごとに掲載し、徹底しているにもかかわらず、従業員に浸透していないため発信されたものであった。

その解決法として、採用時に親切に洩らさず熟知させること、注意箱の配置が少ない場所にそれを増設すること、そして、社内報の「鐘紡の汽笛」と「女子の友」を読みやすい場所に備え置くことを指示している。とはいえ、やはり大組織の中で労使間の意思疎通を徹底させることには、多くの困難がともなった。現に鐘紡争議は、武藤の社長引退後のこととはいえ、会社側からの説明の不徹底、すなわち意志疎通の欠如も一因となっておこったのであった。

第二に、鐘紡が行った「不解雇主義」の抱える矛盾である。

一九二九年一一月に出された「工男の新規採用一時見合せの件」という「回章」では、大日本紡績など他社で、解雇による人員合理化が図られていることに触れつつ、鐘紡では「温情主義」を理由に、在職者の解雇を行わない方針を示した。もちろん、「不解雇主義」を一貫して守り抜こうとした点は人道上も評価でき、武藤の考えに矛盾はなかった。しかし、もともと武藤が「温情主義」を実施するにいたったきっかけは、従業員の定着を図るためでもあり、不況期には逆に、そのような方針が人員の合理化を妨げるという制度的矛盾を改めて露呈することとなった。そして「不解雇主義」を貫き、翌一九三〇年四月に減給案を発表すると、労働団体が介在する中で争議が発生したのであった。

争議にいたる経過にみる「温情主義」の限界の一面

一九三〇年の初めは、これまでの慢性不況に加えて、一月一一日の金輸出解禁、二月の銀暴落（特に対中輸出に影響）、そしてインド関税の引き上げと、鐘紡にとって悪い経済要因が重なった時期であった。そして、前年の一〇月にはニューヨーク株式市場での株価大暴落がおこり、結局、世界大恐慌の引き金となった。そして日本では、金解禁の影響が追い討ちをかける形で、急激な景気悪化をまねき、昭和恐慌になるが、鐘紡争議もそのようなさなかにおこった。

そのような経済状況下、鐘紡は、従業員に対する大規模な合理化もせまられ、「冗員を淘汰して減給を避ける」か、「この際世間に失業者を出すことは、社会に対して申訳ないことであり、又鐘紡伝統の家族的経営法の精神に反することであるから、寧ろ全員の減給によりてこの際一人も失業者を出さずして、この難関を突破」するかを選択しなければならなくなった。結局後者、すなわち武藤の意向でもあった「不解雇主義」が選択され、四月五日に減給案が発表された。しかし、争議が進展していく中で、結果的に人員合理化も行われ、一九三〇年一月の時点で積み立ててあった「使用人病傷老衰退職恩給資金」六九四万一〇一四円、「職工幸福増進資金」九三二万九四五七円を切り崩し、従業員に十分な退職金を支払うことにより、鐘紡が掲げた「温情主義」の現れとした。

ところで、減給案の内容は、大戦時の好景気と物価騰貴をきっかけに、これまで支給されてきた戦時手当（社員は本給の六割、職工は日給の七割）を廃止し、一律に三割の特別手当を支給するというもので、この実質平均二割三分の減給案が、四月一〇日から実施されることとなった。

ただし、この減給案の緩和措置として、寄宿舎の賄料、家賃、そして会社提供の米価、薬価等の引き下げが行われた。さらに、「今度の減俸に当り、重役会では減俸された雇人の氏名を記録して居て、他日鐘紡の事業が繁栄に向った場合に、之に対し相当に酬いること」を決めており、「その時になって社員が物故して居る場合には遺族に対して支払うことまで細目を規定」していた。

また、賃金の維持策として二百万円有していた「職工積立金」の分配も検討されたが、一時的な不況ではないと判断されたため、この件は実行に移されなかった。

この争議では、昨年末の株主への三割五分配当（……年間の額面に対する配当割合）のほかに、武藤への三百万円という退職金の額も争点となった。

株主対策については、高配当によって株主の安定と彼らから信任を得ることが、職工の優遇を含めた経営安定のための前提条件となっていた。当時の武藤も、「株は大抵、銀行に入っているものだから、無配当とすれば銀行が承知しない」と述べていた。さらに、一九二九年下半期も、六二一万円余りの純利益を計上しており、しかも過去六年間ほど、同様に推移してきていた。しかし、吉野や河上の指摘どおり、高配当は労働者の権利獲得の観点から争議の争点となった。

また、武藤の退職金については、鐘紡の理化学研究のため、五〇万円が会社に寄付されたほか、国民同志会の活動資金、それに一九三三年に大阪の大手前に設立された「国民会館」の建設資金として費やされた。ちなみに、減給により節約された工費は、年額二五〇万円内外で（野中雅士『鐘紡の解剖』一九三〇年）、当時の鐘紡女工の一日あたりの平均賃金は一円四九銭（塩田庄兵衛「ストライキの季節――鐘紡争議――」〔朝日ジャーナル編『昭和史の瞬間　上』一九六六年〕）という時代であった。

争議の経過

争議は一九三〇年四月五日の減給案発表後、間もなくおこった。工場数では、参加しなかった所の方が多かったが、東京本店は怠業、そして兵庫、京都、淀川の各支店は罷業の手法をとりながら、各基幹工場が争議に参加した。中でも京都、淀川の両支店では、四月一〇日から約六〇日間にわたる抗争を続けた。全国的な闘争にはいたらなかったにせよ、争議に参加した従業員数は、全従業員数三万六千名のうち六千八百名に及び、その中から二百名余りの解雇者も出た。

争議に入ると、津田信吾（一八八一―一九四八、一九三〇年六月より鐘紡社長就任）副社長の「会社の主義を認める人は温和《おとな》しく仕事をしてもらい、認め得ぬ人には出てもらうより仕方がない」という言葉に示されるように、経営側は強硬な態度で争議にのぞんだ。それは、もともと「人員整理案」を考えていた津田が、争議に入ると改めて「世界的な大不況に向って、戦時の好況の夢をいつまでも残しているようなやり方では企業は行き詰る。この際思い切って新しい情勢に適応した方向に、企業経営を切りかえねばならぬし、鐘紡の伝統をもってすれば、それは可能だ」

という自己の考えに確信を抱いたからであった。そこで津田は、「長びいた争議中も、他からのいっさいの仲裁、調停を拒否し、労使の会見では、また従業員の為のことも同時に考えてやっているのだ」という信念を持って、強い態度を取り続けたのであった。

なお、営業出身であった長尾社長は争議対策には直接関与せず、津田によって問題解決がなされていった。特に争議の舞台の中心となった淀川工場は、以前、津田が工場長としてつくり上げた経緯があった。その淀川工場について、『鐘紡百年史』（一九八八年）には、次のような記述がなされている。

「津田副社長のつくり上げた淀川工場は福沢諭吉の精神で貫かれており、自由な空気にあふれ、スポーツも奨励された。寮には図書館があり、寮長も図書委員も職工の自由選挙で選ばれていた。紡績工場では通常、尋常小学校卒業生を採用していたが、淀川では中学卒を多く採用し、また、加工工場であったので職工の八割が男子であった。図書委員は自由に書物を購入でき、職工も読みたい書物を自由に読むことができた。加えて学歴も高ければ、中には左翼的書物に親しむ者も出てくる。そうした中から労使協調主義に疑問を抱く者もあった。また、この争議で整理された後、労働運動に身を投じて重要な役職に就いた者もあった」。

鐘紡の伝統であった「温情主義」は、企業側の好意によって成り立つ以上、経営者の側からの専制的な側面もみられた。そこで争議終結後には、無組合を誇っていた鐘紡にも、労働者の権利獲得のために、淀川工場と京都工場に、それぞれ日本労働総同盟大阪紡織労働組合淀川支部、京都支部が結成された。しかし結果的には、この争議をきっかけに人員合理化は成功し、長尾から交代した津田新社長のもと、「温情主義」にもとづく経営は続けられたのであった。

鐘紡の人員整理の様子については、安達春洋『鐘紡か東洋紡か』（一九三〇年）に次のような説明がなされている。

「鐘紡の減給問題当時（一九三〇年四月）、東洋紡が一万錘当り従業員が二五二・三人であったのに対し、鐘紡は三二四・五人であった。それが、争議終結後には二一〇人前後となった。同じ時期に東洋紡も人員整理をして一九四・五名となったから、まだ東洋紡より鐘紡の方が定員は多いが、それでも争議発生時と比べるといちじるしく接近している」。

また、鐘紡争議と「温情主義」との関係について、『日本における労使協調の底流』（一九七八年）の中で間宏は、「この争議自体が、不解雇主義に端を発したものであること、一旦つながりのできた外部の労働組合との関係を争議終結後完全に断ち切っていることなどを考えると、温情主義は一時動揺したものの崩壊したのではなかったといえよう。むしろ、不解雇主義の故に生じた冗員を、この争議をきっかけとして整理できたという点では、改めて企業内労使協調路線が再構築されたと見るべきであろう」という見解を述べている。

さらに同書で間は、「戦前の温情主義が崩壊していったのは、労働争議によってではなく、第二次大戦中に、企業の自主性が奪われた時点であったことだけは確認しておきたい。なぜなら、温情主義は、それが専制的であれ、立憲的であれ、企業の経営者の自主性を中心として展開されるものだからである」とし、「温情主義とは、本来専制的側面をもっているもので、それは欺瞞でもなんでもない」とした。

また、争議解決後間もなく社長に就任した津田は、一九三〇年七月の定時株主総会の席上で争議について触れながら、次のように「温情主義」（「家族主義」）を継承していく所信を述べている。

「当社ニ於キマシテハ創業以来四十有余年ノ間終始一貫、上下相和シ、会社ヲ以テ家ト為スト云フ大家族主義ノ美風ガ鐘紡ノ伝統ノ大精神トナツタノデアリマスカラ、労使ノ関係ハ極テ円満デアツタノデアリマスルシ、又従業員愛社ノ精神ハ永遠ニ当社ノ基礎ヲ鞏固ナラシムル原動力トナツテ居リマスルノデアリマスルコトハ、今日ニ於テモ私ノ確ク信ズル所デアリマス。是レ全ク株主各位ガ多年当社ノ従業員ノ上ニ賜ツタ特別ノ御同情ト御理解ノ賜物デアリマシテ、我社伝統ノ美風ハ之ヲ永遠ニ伝ヘ、労資共存共栄最善ノ成果ヲ挙ゲタイト存ジテ居リマス」（『鐘紡百年史』一九八八年）。

津田は、副社長時代以来行ってきた社内体制の再編成を締めくくる形で、不況克服のために、一九三〇年一〇月に、主席以上の社員の大整理も実施した。退職者には、通常以上の高額な退職金が退職積立金の大半を投じて支給された。こうした合理化の推進の結果、工費は半分以下に下げることができた。

ところで、不況時の合理化の一環として行われた鐘紡の減給措置は、他企業にさきがけて行われたために社会問題となった。そのため政府としても、労働組合法、最低賃金法、そして失業保険法などの早期実施の必要性を認めざるを得なかったのである。

アルベール・トーマの鐘紡争議観と武藤の「温情主義」

最後に、武藤の「温情主義」と争議との関係をより理解するために、一九一九年から一九三二年までＩＬＯ（国際労働機関）初代事務局長をつとめ、一九二八年に来日もしているフランス人のアルベール・トーマ（一八七八―一九三二）の鐘紡争議観を紹介する。以下は、「『一度の争議ではトーマは勝てぬ』同氏の鐘紡争議観」（『大阪朝日新聞』一九三〇年六月一三日に掲載）と題された記事である。

日本においても他の諸国における如くに国民の智性が発達を遂げるに伴われて、家族的温情主義の制度は如何程深い根底を持っているとしても、その事蹟の上に可成りの困難を感じるであろうと私が日本で主張したことが正しかったのだと思う。（中略）あの時以来私は各方面から「家族制度を理解しないもの」として非難攻撃せられた。惟うにこれほど各方面から非難を受けたのは、寧ろ私が問題の急所に触れた証拠ではなかろうか。この度鐘紡の争議に際して私の名前を挙げて色々な議論の上下されているのは、確かに一つの明かな証拠である。「トーマ勝つか武藤勝つか」と人々が私を武藤氏と対立の関係に置いて論議をしていると聞くのは、私にとって固より興味深きことである。然し私の主張が今度の争議で一朝にして勝利を示すであろうなどとは、私は軽々しく考えはしない。否むしろ鐘淵の工場では、外見上一種の社会平和が再建されることが出来ようし、したがって温情主義が復活されたようにみえるに至ることはあり得ることである。然しながら実際においては、近代工業は日本に於ても事物本来の力によって不可避的に労働と資本との関係の近代的な形態に於て進行するであろう。固より私は決して――この点は特に念を入れていって置くが――歴史的伝統の力を否定するのではない。新形態の中に旧日本の精神が何らの形で残存することは疑なきことである。然し日本は他の諸国同様、不可避的に新形態を採用せざるを得ないであろう。国民がこの道理を理解することが早ければ早いほど、一層容易に日本の産業の進化を遂げることが出来るであろう。

今日からみた場合、このトーマの意見は、争議終結後の津田時代の鐘紡についてだけでなく、第二次世界大戦後の日本の産業の姿の一面をもいい当てるものであった。そして、労使関係に対する彼の考え方は、先にみた吉野のそれと一致するものであった。

武藤は大組織の中で、家族制度に擬制された労使関係を構築してきたが、「家族的温情主義の制度」には、企業側からの専制的な一面がさけられず、「労働と資本との関係」を対等な関係に近づけていくためには、労働者の権利の獲得と、その実現のために、実際に法政策を確立していくことが必要であった。また、武藤が経営にあたっていた時期に問題が表面化しなかったのは、彼自身の経営能力と人物に負うところが大きく、また、従業員の生活に不安がなかったからでもあった。

ところが、「温情主義」は企業側からの好意を前提としている以上、特に不況期にはその限界が表面化する。すなわち一九三〇年四月におこった鐘紡争議では、労働者の権利が改めて問われたのであった。そして、「不解雇主義」をとりながらも、結局、解雇者を出し、彼らには十分退職金を上乗せすることで「温情主義」とした。そして、そのような措置も、当時の鐘紡は基金等が潤沢だったためにできたのであった。

武藤は「日本的経営の祖」として、経営資源としてのヒトを重視する「人本主義」、終身雇用につながる「不解雇主義」などを、近代の経営の中で形成した。ところで、近世の商家経営の中にも、終身雇用や年功序列の原型や、さらに今日の出向とも重なる部分がある「のれんわけ」なども見出されるのは周知のとおりである。そのような観点からすると、武藤の方法はかつての慣習の再生という要素もあったといえる。

特に江戸時代は、経済成長や人口増が停滞気味であったので、丁稚、手代と年功序列を経て、番頭にいたるまでの終身雇用になるためには、番頭は一人ないし数名なので、経営内部において強い競争原理や能力主義も働いた。さらに付け加えると、職人の世界では移動が当然で、雇われる立場の場合は、移動することにより報酬や地位の向上もあったので、この世界においても、日本の歴史の中に能力主義はあったといえる。

いずれにしても武藤は、日本の古今の経営や文化及び風土を基本に、国際的には特に欧米の先進的な経営方式や思想を取り入れ、鐘紡あるいは日本のものとしていくことで、「日本的経営の祖」となった。そして、彼の晩年近くには、大組織内における人間関係の一層の非人格化、労働三権の承認をはじめとする労働者の権利獲得や彼らの救済の問題、さらに、好不況がともなう資本主義体制下における民間企業の経営の限界といった問題にも直面した。また、今日においても、企業は数多くの課題を抱えているが、それらに対しても克服を試み、日本的経営を進展させてきているといえる。

このような経営上の基本と、国内外における経営環境への対応力の必要に加えて、さらに武藤のメッセージを読み解くと、企業が従業員の雇用や生活を守るためには、やはり競争力の強化と、万が一の不測の事態に備えた準備もしておかなければならないということであろう。

武藤は鐘紡争議に際し、「科学文明の進歩と共に益々社会組織の間に温情の徹底を期することが必要である」(「鐘紡はなぜ減給を断行したか」『実業之日本』一九三〇年五月一日〔『武藤山治全集　第一巻』一九六三年、所収〕)と、改めて今日にもつながる希望を表明している。

4　『実業読本』にみる経営観

武藤の鐘紡経営の充実の様子や、彼の経営信条については、一九二六年に出版された彼の著書

『実業読本』を通じてみることができ、その構成は次の通りであった。

序　一　実業という言葉の意味、二　実業の精神、三　自尊心、四　自制心、五　自治精神、六　博愛の精神、七　卑屈心、八　品性、九　理想、一〇　研究の必要、一一　使う人、使われる人、一二　責任観念、一三　協同の精神、一四　失敗、一五　金儲の秘訣、一六　人生の真意義

まず、武藤はその序で、「吾々が、世界強大国の国民と伍して行こうと云うには、吾々は恰も一家族の如く、相励み、相扶け、大いに働かなければならぬ」と書き記している。これが、彼がみる当時の日本経済の実情であった。彼は、労使が「家族主義」理念のもとに協調関係を保ち、資本と生産を増加させていくことにより、鐘紡ならびに日本経済が発展すると考えた。そして、このように発展することが、労働者の生活水準を向上させるのであった。

しかし、近代日本は物質文明に向かって狂奔し、精神面において家族的な人間関係を見失っていった。そして物質的要求は、労働問題も引きおこした。そこで武藤は、日本の伝統である武士道精神に代わる実業の精神の必要性を説いたのであった。なお、彼のいう実業とは、虚業に対し真面目に働く者の仕事の総称であり、その精神は、実業に従事する者すべてが持つべきものであった。

ところで、著書の構成の中でも特に一一の使う人、使われる人は、鐘紡の「温情主義」・「家族主義」経営の内容に深くかかわる箇所であった。大工場を有する経営者としての武藤は、常に目の届くところにいない従業員に対して、どうしたら自然に、満足のもとに一生懸命働いてくれるだろうかということを心がけて経営にあたってきた。そこで彼は、「温情主義」あるいは「家族主義」と呼ばれる経営信条のもと、従業員を優遇することに力を尽くしたのであった。親身に世話することから情愛が生まれ、その結果、仕事の成績も良好になるのであり、たとえそのために費用がかかったとしても、それは損失にはならないのであった。そして工場経営に際しては、家族同様の温かい相互理解関係も必要で、これまでみてきたような意思疎通や教育訓練といった諸制度が、役立ったのであった。

そして武藤は、株主への高配当についてもここで触れている。労働会議のために渡ったアメリカ合衆国で、かつて高配当についての非難がおこったとき、労働省は高率配当と低率配当の会社の従業員の待遇を詳細に調べ、高配当の会社は良い品物を安く供給し、その従業員は却って優遇を受けていたのであった。アメリカの労働省が奨励しているのも、正に武藤が思うところでは、「温情主義」的な経営法であった。そして、武藤は、鐘紡における高配当についても確信をいだき、日本においてもこのような調査をするべきことを述べたのであった。

最後に、一六の人生の真意義の箇所では、満足感を己の快楽や物質的成功に置くと、人類社会は永遠の闘争より免れることができないが、社会全体のために奉仕したいという自覚の中に真の満足を見出すならば、階級闘争の念は消滅し、心の奥底の満足感により、社会思想の問題はすべて解決すると武藤は記した。

『実業読本』から離れて、武藤の座右の書や座右の銘などに触れると、一番の愛読書は『ナポレオン伝』、鐘紡の従業員等に薦めた書物はサミュエル・スマイルズ（一八一二―一九〇四）の『自助論』、座右の銘は「何人も人一倍の事を為すに非ざれば一倍の人となること能わず」、プラトンが述べたとされる「憤激性なき国民は亡ぶ」などで、彼の遺墨として、「行い正しければ眠り平らかなり」などの言葉を書き残した。また彼は、キリスト教、仏教、そしてイスラム教にいたるまで、あらゆる宗教について言及した。

そして武藤は、日本の古美術関係への関心が深く、自身も書画をたしなんだ。特に彼は、国外への散逸を懸念する中で幅広い収集を行ったが、その中でも与謝蕪村（一七一六―八四）の収集家として知られている。彼は一九二二年に『蕪村画集』を出版しており、現在、国宝となっている夜色楼台雪万家図も所有していた。なお、彼は画集の「自序」の中で、蕪村は「吾に師なし、古今の名画を以て師とす」と述べたとし、さらに「晩年に及びて、全く解脱して其の独特の妙筆を揮うに至れるものなり」と評している。

第5章　社会及び地域への貢献事業とブラジル移民事業への関与

本章では、経営者の社会貢献という観点から、武藤がかかわった地域貢献、失業救済事業、震災復興事業、慈善事業、そして移民事業について触れていく。

1　社会貢献事業

武藤の企業の社会貢献観と鐘紡による実施例

武藤は、株式会社は営利企業であるので、営利行為以外にかかわってはいけないという考えに疑問を持っていた。一個人も、その一個人が多数集まった株式会社も人格を有していると考えると、一個人が公益のために私財を世間に対して寄与するように、株式会社もまた、世間のために寄与すべきとした。そして、株式組織が広く普及してきているにもかかわらず、公益事業を顧みないとなると、世の中は迷惑を蒙るのであった。そこで、鐘紡在職中の武藤は、常にこのことを念頭に置き、機会あるごとに株主に諮って公益事業を行ってきた。そして彼は、今後ますます株式会社組織が繁栄していくにともない、社会公益のために寄与する習慣をつくりたいと思った。

例えば一九二〇年代の鐘紡は、株主の信任を得ながら社会貢献活動にもかかわった。

その一つ目は、無料診療所の建設である。一九二三年に兵庫支店構内の入り口に建設費二〇万円を投じて、内科、外科、眼科の診療施設をつくった。一年間の経常費は約二万五千円で、同支店付近に住む生活困窮者に対して無料診療を行った。

二つ目として、一九二二年に失業救済事業として総額三〇万円を、東京、大阪、神戸の三市に、それぞれ一〇万円ずつ寄付した。その際、それら三市の当局者が府県とも協議することで、職業輔導会という職業訓練教育機関が組織された。なお、この翌年に関東大震災がおこるが、東京市ではこの会を通じて、大工や製材等に従事する者が多数育成され、貢献度も目覚しかった。さらに東京市職業輔導会では、技術講習を開始して二年半たった時点で、一千名以上が新たに職を得ており、彼らの相互親睦を期すことで、物質的及び精神的向上を図るとする輔友会という組織も結成された。

これらのような事業は、株主の承認のもと、利益金からの寄付により行われたが、そこには、世間からの高配当に対する批判を回避する考えもあった。また、鐘紡内部における福利施策の社会的具現化とも捉えられるこれらの救済事業は、社会における企業イメージも向上させた。当時は労働運動が高揚してくる時期であり、貧民や失業者を救済するという考えは、労働問題の社内への影響を押さえる役割も期待された。

そして三つ目として、一九二六年に外務省の南米移民事業の調査に対する資金援助のため、八万円の寄付を行った。この社会貢献事業は、一九二八年の南米拓殖株式会社の設立につながり、日本国内の人口増加問題と食糧問題への対応を目的として、ブラジル・パラー州トメアスーへの移住を推進した。そして、同社の創立に際して、武藤は発起人総代となった。

また、それ以外の武藤個人の社会事業への協力の一例としては、イギリス人のハンナ・リデル（リッテル）（一八五五—一九三二）が、日本のハンセン病患者の治療と救済のために設立した熊本回春病院へのものがあげられる。この病院の維持金の大部分は、イギリスの有志家や篤志家にうったえる形で、毎年一五万円ほどの寄付を集めていたが、彼らは第一次世界大戦のために顧みる余裕がなくなってしまい、送金が途絶えてしまった。そこで武藤は、自らの寄付のみならず、寄付金集めも行った。当時は、船成金が続出しており、阪神間を中心に戸別訪問することで、一〇万円ほどの寄付を得た。さらに東京方面では、鐘紡監査役をつとめていた清岡邦之助（一八六二—一九四八、福沢諭吉の三女である俊の夫）に依頼して講演会を開催することで、イギリスからの送金に近い額を集め届けることができた。

関東大震災時の対応と救済活動を通じての地域住民への貢献

一九二三年九月一日におこった関東大震災により、東京本店工場でも甚大な被害が出たが、そのような中にあっても、武藤や鐘紡は、地域の一般被災者への救済の指揮や活動にあたり、この時の様子は、『鐘紡百年史』（一九八八年）に詳しい。

鐘紡の従業員については、男性一名、女性九名の犠牲者が出て、負傷者は重傷が七名、軽傷が三七名に及んだ。武藤は工場の復元よりも、社宅などの復旧を優先し、各支店からの応援者も投入した。そして、会社からの死傷者への見舞金関係も手厚く処遇し、死亡者の遺族に対しては、弔慰金、特別弔慰金、葬儀費、さらに向こう三年間にわたって毎月遺族扶助料も支給した上、別途、武藤からも弔慰金が贈られた。

震災による鐘紡の被害総額は、三六〇万円から三七〇万円とされた。一九二三年時点の同社の資本金は二八五九万六千円、売上高一億五五〇九万二千円、純利益一三一五万三千円、配当率が年平均六割五分で、当時の国家予算は約一五億円という時代であった。東京本店の建物関係については、第五工場まであるうち、第一工場がほぼ全部倒壊し、ほかの各工場も、地盤の大きな狂いや屋根の落下、煉瓦壁の亀裂及び一部落下、そして紡績機械の破損等の被害を受け、さらに、倉庫会社に寄託中であった米国原綿が焼失した。また、社宅は四分の一が倒壊、男工手寄宿舎や物品渡場が全壊、そして事務所、原綿・製品・需要品の各倉庫、医局等も大破した。このような状況から武藤は、木造建築物にも耐震のため、筋交を入れることが有効であることを発見し、各工場の木造建物や寄宿舎等を、この方法を用いて補強することを指示した。

一方、本所、深川、浅草方面から避難してきた地域住民に対して、当日より第五工場の廊下約二〇〇メートルの屋根下を開放して、罹災者の収容所として提供するとともに、夕方から焚出給食をはじめた。また、負傷者に対しては、会社の病院が手狭だったため工場の附属幼稚園を臨時救護所として、診療や投薬を行った。

翌九月二日には、日本橋中洲で中洲病院を開業していた大石貞夫院長、看護婦、入院産婦及び患者等総数六四名が、隅田川を二艘の伝馬船で遡行してきたのをみかねて、構内の女子事務員寄宿舎に収容した。そのうち罹病者には、会社病院で診療・投薬して保護するとともに、「中洲病院無事鐘紡に避難」という貼り紙を東京市内の要所に掲げて、患者の家族に連絡をとることにつとめ、一カ月余りで全員が無事引揚げることができた。

また鐘紡は、震災発生と同時に現金五万円、白米、梅干、沢庵を、兵庫県を通じて寄贈したほか、衣類や布団も寄贈し、さらに従業員の慰問袋の罹災者集合地における直接配給や、衣類の実費販売なども行い、救援活動につとめた。

そして、被害状況の視察のために上京した武藤は、廃墟の整理に忙殺されながら、身体の汚れを落とすすべがない状態をみて、無料公衆浴場の急設を決意した。旧本所区内に二カ所、それぞれ一日四〇〇〇名を収容できる大浴場で、さっそく一〇月初旬に竣工した。すると、遠方からも人々が押し寄せたため、警官と自警団が入浴順の整理にあたった。

その後、浴場業者の復興を待って、彼らの営業を圧迫しないためにも、予定どおり一年間をもって閉鎖されるが、一九二四年一一月まで「鐘紡の無料浴場」として親しまれた。そして、残された建物は、幼稚園に寄付されるなどした。

2　南米拓殖株式会社の設立発起人就任

株主総会におけるブラジル移民調査費寄付の承認

鐘紡は、一九二六年一月二〇日に開催された第七八回定時株主総会で、「ブラジル国開墾地調査視察費支出ノ件」を決議し、八万円を外務省に寄付した。この議案は株主の承認を得て、ブラジル移民事業に対する事前調査への寄付を行うとするものであったが、海外移住事業は、年々七〇万～一〇〇万人増加する日本の人口過剰問題及びそれにともなう食糧問題の解決策とされたこともあり、企業の社会貢献活動の一環と考えられた。

また、この事前調査を経て、一九二八年八月にブラジル移民事業を目的とした南米拓殖株式会社（南拓）が、武藤や鐘紡が主導する形で設立されることとなった。

武藤のブラジル移民事業への使命感

武藤の移民思想は、慶應義塾卒業後の渡米（一八八五―八七）により形成され、帰国後には『米国移住論』（一八八七年）を著していることはすでに紹介した。武藤は一八八五年、ハワイとの間の第一回官約移民として渡った日本人移住者と乗り合わせてホノルルに寄港した上、サンフランシスコに向かった。そして『米国移住論』では、カリフォルニア州への移住を念頭に置いて、評判を落とす出稼ぎではなく、永住に向けて組織的な事業を行うために、米国移住会社の設立の必要を論じた。

さらに、武藤の自叙伝『私の身の上話』（一九三四年刊行）中の「米国移住論を書く」では、日本移往時を追懐し、もし、日本の官民の間に、当時の私のごとき考えが行われていたならば、日本移住民は、米国南部諸州において広大なる土地を所有して、その勢力は牢固となり、その後、日米国交上で絶えず問題となった排日問題はおこらなかったのではないかとしている。

このように武藤は、青年期に海外への移住論を公表した経緯があった。そして、移住先はアメリカ合衆国からブラジルに転じるが、鐘紡経営ではブラジルにおける原綿調達への関心が強く、しかも同社に移民に向けての調査協力が求められたことで、使命感を持つにいたった。

続いて武藤は、同じく『私の身の上話』において、近年、日本より南米にも出稼人を送るのみで、土地を所有させようとする準備が行われていない状況をみると、将来、米国の場合と同一の失敗を繰り返すのではないかと憂い、南米拓殖会社の設立に鋭意熱心尽力するにいたったと述べた。これは、全く渡米当時の思い出が彼を駆巡ったことによった。

また、〝南米は年々増加する日本の人口問題の解決のために、神がわれ等に残し給わった唯一の場所であって、もし、わが国民をしてこれを等閑に付するようなことがあれば、幾年ののち、今日の日米関係に対して抱くものと同一の悔いを残すにいたることは、火をみるより明らかである〟とも武藤は考えた。そこで彼は、『米国移住論』を著した一八八七年当時と南米の今日とを思い比べ、再びわが官民の注意を喚起したいと述べた。

ブラジル・パラー州知事からの入植要請と鐘紡独自の現地調査

日本からのブラジル移民の歴史は、一九〇八年のサンパウロ州へのコーヒー栽培を目的としたものにさかのぼれるが、アマゾン川下流域への日本人入植のさきがけは、一九二八年にはじまる南米拓殖株式会社の事業であった。一九二三年にパラー州知事に就任したジオニージオ・ベンテスが、リオデジャネイロの日本大使館在勤の田付七太初代駐伯大使に対して、日本人入植への便宜について言及したことがこの事業につながった。

田付大使の報告に関心を抱いた赤松祐之外務省移民課長は、一九二五年にブラジル農業に関する視察調査を目的として、外務省嘱託の農学士芦沢安平を渡伯させ、サンパウロ州や北部諸州を視察調査した。その後赤松は、同年八月より一九二七年一月まで臨時代理大使としてブラジルに赴任している。また、その芦沢の調査の際、ブラジルの綿花栽培状況を調査研究していた鐘紡の仲野英夫が通訳として同伴し、パラー州も調査した。武藤は、綿花の供給地としてブラジルに関心を抱いており、鐘紡は仲野のほか、友田金三、太田庄之助等も派遣していた。

この芦沢の調査ののち、一九二六年八月の鐘紡の株主総会において、外務省への調査費の寄付の話が持ち上がった。

株主総会後のブラジル移民調査団の派遣

この株主総会ののち、当時、鐘紡の取締役で東京本店工場長であった福原八郎を団長とする八名の調査団が編成された。調査団員の内訳は、福原のほか、石原喜久太郎（東京帝国大学教授、伝染病研究所技師）、さらに内務省衛生局防疫官、同省土木測量技師二名と助手一名、農林省営林課長兼山林技師、外務省嘱託の芦沢安平農学士であった。さらに、鐘紡研究員の太田庄之助（団長秘書）も同行し、日本からは計九名が出発した。

一行は、一九二六年三月二〇日に横浜から大洋丸で出帆し、途中、アメリカ合衆国に立ち寄り、ニューヨーク（四月一一日到着）、フィラデルフィア、ワシントンで、旅行記、調査報告書、アメリカ政府によるアマゾン川流域のゴムの調査結果の入手等につとめた。さらにニューヨークでは、在留日本人により組織された南米協会からの情報提供も受けた。そして、五月三〇日にブラジルのアマゾン河口に位置するパラー州ベレンに到着した。

そして、ブラジルからサンパウロ総領事付技師の江越信胤《のぶたね》農学士、鐘紡の仲野英夫と、かつて同社の技師をしておりブラジル在住の大石小作（通訳）の三名が加わり、計一二名で、一九二六年六月から約半年間、アマゾンを踏査した。

調査の結果、パラー州の現トメアスーほか三地域が、気候風土や土壌等の面で、日本人の移住に適しているとの確信を得て、一九二七年一月二五日に帰朝した。また調査報告は、一九二七年四月に福原団長から幣原喜重郎外務大臣に提出され、同年九月には外務省通商局から『伯国「アマゾン」河流域殖民計画ニ関スル調査報告』として刊行された。

設立準備委員会の開催

このパラー州への移民事業について、日本政府は民間企業により経営する方針とし、一九二八年三月二六日、東京・大阪・名古屋・横浜ほか各地の実業家等約六〇名を外務大臣官邸に招いて、総理大臣兼外務大臣の田中義一より勧説がなされた。ついで、田付七太前ブラジル大使によるアマゾン方面の経済情勢ならびに本問題の経過説明、福原八郎による同地の産業、土地、気候、衛生等についての詳細の説明がなされた。

さらに、渋沢栄一（一八四〇―一九三一）からも実業家代表としての挨拶が述べられたほか、南米拓殖株式会社設立に関する準備委員として、東京方面から団琢磨（三井）、木村久寿弥太（三菱）、結城豊太郎（安田）、白仁武（日本郵船）、根津嘉一郎（東武）、今井五介（片倉）、門野重九郎（大倉）、橋爪捨三郎（鐘紡）、大阪方面から野村徳七、湯川寛吉（住友）、堀啓次郎（大阪商船）、名古屋方面から神野《かみの》金之助の計一二名が指名され、幹事に福原が推された。また、政府は企業に対して、財政的援助を与えない方針とした。

その後、四月九日と一九日に日本工業倶楽部において委員会が開かれ、渋沢も含めて各委員や、外務省の関係者が出席した。

すでに、前年の一九二七年九月付で同じ文のものが作成されていたが、一九二八年四月一九日付の南米拓殖株式会社「設立趣意書」に、発起人総代として武藤山治の名前が入った。なお、会社設立の準備が遅れた理由として、府県議会議員選挙や衆議院の解散及び総選挙等があったためとしている。このように、設立の諸準備は以前から行われており、一九二八年四月八日に、田中義一の立憲政友会と武藤の政党・実業同志会と間で政策協定＝政実協定（第7章2を参照）が結ばれたことが、南拓設立につながったわけではない。そして、同年四月付で、同社の事業に関する「目論見書」、「定款」も提示され、定款の第一条で、「当社は海外において開拓事業を営むをもって目的とし、これに関連して、必要なる付帯商工業を営み、特に日本内地よりの委任により土地の売買、管理、経営をなすものとす」とした。

事業計画の概要

一九二八年四月時点での事業計画の概要は、以下のとおりであった。

会社設立の「根本目的」は、日本の人口過剰問題及びそれにともなう食糧問題の解決であった。「大綱」として、ブラジル国パラー州政府より無償提供されるアカラ地方等の土地一〇〇万町歩を開墾し、一五万人移住させることが事業となり、まず、第一期となる一〇年間で一万戸、約四万人を移住させようとした。さらに、第一期一万戸のうち、直営地五千戸、分譲地五千戸とし、直営地は会社が割当地一二万五〇〇〇町歩中、五万町歩を開墾した。そして、分譲地の分譲は、堅実な経営を行うため四年後からであった。

「資本及払込」については、資本金一〇〇〇万円（一株五〇円×二〇万株）であったが、実際には、一九二八年の創立時に四分の一の二五〇万円（一株につき一二円五〇銭）の払込みがなされ、一九三四年に鉱物資源の開発のため、第二回払込みとして一〇〇万円（一株につき五円）が調達された。しかしながら、概して経営状況は思わしくなく、その後、払込みはなされなかった。

「事業ノ大要」として、パラー州政府より提供された土地一〇〇万町歩（史料では、ヘクタールをそのまま町歩として表記）のうち、五〇万町歩を開墾見込地とし、その三割の一五万町歩を会社直営地とした上で、分益法により経営し、残り七割の三五万町歩を分譲地として、個人または団体の植民に分譲した。直営地では、主として煙草、米、綿花等を栽培しようとした。なお、コロノ制度ともいわれる分益法の方法として、直営地では収穫物の収入の三割が会社、七割が農家の所得となった。

「収益ノ大要」として、一～二年目は欠損を予想するが、三年目より利益が出て、四年目以降は配当も見込んだ。

ほかに、事業地はアマゾン川流域のアカラ川沿岸であることや、ブラジルの状況として、面積が日本の約二二倍、人口四千万人、産物が珈琲、ココア、護謨、米、綿花、砂糖、煙草、家畜、鉄、銅、ニッケル、水晶等であるとしている。

さらに事業の詳細をみていくと、植民地には道路、学校、病院、宿泊所、日用品供給所、植民家屋、公会堂等を設置し、理想的農村を建設することを期した。そして、直営地の植民には、①渡航費は日本政府からの移民渡航補助費とする、②住み家は会社が建築して無料で貸し付ける、③植民一戸につき二五町歩を割り当て、うち一〇町歩は会社があらかじめ開墾してこれを貸し付ける、④植民一戸につき七〇円を限度として、農具及び種子の貸付をなす、⑤会社は農事試験場を設置し、栽培の改良、病虫の駆除や予防、種苗の供給等にあたる、といった便宜を果たすとした。

株式の割当てと株主の募集

『中外商業新報』(一九二八年四月一〇日)において、四月九日の第一回準備委員会では、しばらく無配当となることや海外移住事業であることから、進んで株式を引き受けることに躊躇している模様であると報じた。しかし実際は、この計画について、これまで熱心になっていた武藤山治鐘淵紡績株式会社社長が、どの程度まで株式を引き受けるか、まず、鐘紡側の態度をはっきり決めた上、ほかの準備委員がこれに応じ、株式を引き受けることになったとした。

四月一九日の第二回準備委員会では定款を作成するとともに、資本金一〇〇〇万円、一株五〇円、総株数二〇万株のうち、発起人等の引受けが二万株、賛成人及び縁故者と一般募集者が一七万株、公募募集が一万株と定めた。それらのうち、鐘紡が六万四〇〇〇株（会社が五万株、鐘紡重役たちが一万四〇〇〇株）、準備委員と外相官邸に招かれた東西実業家が一〇〇〇株ずつとする割当てでまとまり、武藤も一〇〇〇株引き受けた。

発起人には二〇名二万株、賛成人及び縁故募集者には五八四名一五万四一二九株の申込みに対し、一四万六七四四株を割り当てた。続いて、一般募集者には、五月二四日より六月一一日までに申込みを募り、一二六九名九万七二一七株の申込みに対し一万七九七四株、そのうち、同期間内に申し込んだ鐘紡株主七一九名五万四六三九株の申込みに対し、五二八二株を追加して割り当てた。その際、申込株数の少ない者から割り当て、多い者には順次逓減する方法がとられた。

また、公募募集は六月一二日より、当日と翌一三日に新聞広告を出す形で一万株募集し、四二八二名から二七万九一四八株という約二八倍の申込みとなり、一四日に締切った。割当ては、一般募集等でとられた方法と同様で、複数株の申込みには逓減する形がとられ、申込者全員に割り当てることで、広く分散させる方法がとられた。

そして、六月二九日に発起人会が開催され、五五万〇四九四株分申し込まれたものを二〇万株分として割り当てる決定がなされ、先に徴収した証拠金一株分一二円五〇銭を、七月五日の株式代金の第一回払込金として振り替えた。

南拓及び現地会社の設立

南米拓殖株式会社の創立総会は、一九二八年八月一一日に東京の日本橋倶楽部で開催され、八月一五日付で設立登記がなされた。本社は、鐘紡本社の所在地でもある東京府南葛飾郡隅田町に置かれ、取締役社長には福原八郎が就任した。武藤は南拓の発起人総代に同年四月一九日より就任するが、鐘紡経営者の立場にある彼は、定款にも明記しながら、鐘紡のみにたずさわる専門経営者として一人一業主義を貫いたため、南拓は関係会社であっても、役員を兼任しなかった。そこで、政界を引退したのちの一九三二年七月に、時事新報社の「経営担当者」という立場につく中で、南拓の相談役に就任している。

役員構成は、取締役社長が福原、取締役が有馬頼寧《よりやす》（伯爵）、高津久右衛門、鈴木三郎助、堀朋近、野崎広太、前山久吉、中上川三郎治、千葉三郎、監査役が染谷寛治、室田義文、八木幸吉であった。以上の中でも、鐘紡出身の福原、娘婿の中上川、実業同志会・国民同志会選出の衆議院議員でもあった千葉や八木が、武藤山治にとって腹心といえる人物で、高津、鈴木、野崎、前山、染谷、室田も、武藤や鐘紡との関係が比較的深い人物であった。ちなみに、現在の味の素社の創設者である鈴木は、綿布を製造する際に用いる小麦澱粉糊の供給等で、鐘紡や武藤との関係が深かった。味の素は、小麦のたんぱく質からつくられ、副産物である澱粉の利活用に際して、鐘紡が大口需要先となったことで、収益性が向上したいきさつがあった。

入植地はアカラ植民地といわれたブラジル・パラー州の現トメアスー等で、当地は州都のベレンから直線距離で南西約一一五キロメートルのところであった。一九二八年八月二三日、福原社長は五反田貴己、新井高次、友田金三の三名とともに横浜を出発し、一〇月六日にベレンに到着した。続いて、八月二五日以降、農事、衛生、建築、土木、機械、経済、通訳等の諸員一五名を送り、植民地建設に着手した。

そして、一二月二九日に南拓の現地会社であるコンパニア・ニッポニカ・デ・プランタソン・ド・ブラジル（ブラジル農耕日本会社）を創立した。資本金四〇〇〇コントス（この現地会社の資本金は、日本円で一〇〇万円とした）で、一〇分の一の払込みがなされ、翌一九二九年一月一三日に登記が完了した。現地会社（コンパニア・ニッポニカ社）の役員構成をみると、社長兼専務取締役が福原八郎、取締役に伯人弁護士、新井高次、植木寿、監査役に松岡冬樹、伯人技師、そして、柔道家でブラジルに広いネットワークを持つ前田光世（通称、コンデ・コマ［メキシコで受けた「高麗伯爵」の称号に由来］）がついた。さらに役職は、総支配人が植木、トメアスー事務所支配人奥正助、植民地係主任春日亨、農業部主任が新井、アサヒザール試験場長内藤克俊、販売所主任井上良太郎、教育部主任丸弘毅（第一回移民監督として入植）、衛生部主任松岡冬樹医学博士、同副主任加藤順二元軍医少佐（第一回移民と同行）、看護婦長高橋春であった。また、現地会社の株式は四〇〇〇株中、南拓が三九七八株、福原が一〇株、残り一二株を現地の有力者や日本人の経営にかかわった者等が一株ずつ、それぞれ所有した。そして、南拓は現地会社を通じてアカラ植民地内に道路、住宅、農業施設、病院、学校、その他諸施設を建設していった。

移住者に向けて南拓が作成した「南拓植民案内早わかり」にみる同社の経営方針は、「鐘紡主義」の踏襲であった。南拓の大株主は鐘淵紡績株式会社で、全株式の四分の一を所有するとともに、社長は元鐘紡重役の福原であり、創立に際しての発起人総代は鐘紡社長の武藤山治であった。武藤や鐘紡の後ろ盾があることは、移住者からの信用と信頼につながった。

また、鐘紡は共済組合制度や医療等の福利厚生面、そして教育訓練面の充実でも定評があったが、「鐘紡主義」の具現化として、堅実な漸進主義により、植民に際して衛生上の不安がないようにすることと、生活の安定を図ることを二大眼目にするとともに、植民子女の教育にも注意を払った。そこで、住居関係のほか、「衛生設備及び病院」、「生産物の加工販売と日用品の分配」、「教育」等に関するものも含めて諸施設を、南拓は現地会社を通じて建設していったのである。

移民事業の開始

第一回移民は、一九二九年七月二四日に神戸を出航し、入植者は一八九名（三九家族、単独九名）であった。その際、募集はその後、南米拓殖株式会社自らも行うようになるが、移民の募集や輸送は、海外興業株式会社が請け負い、船会社は大阪商船株式会社が用いられた。以下は、この第一回の例となるが、彼らは同社の「もんてびでお丸」に乗船し、同船は香港、サイゴン、シンガポール、コロンボ、ケープタウン等に寄港した上、リオデジャネイロに九月七日に到着し、同地の収容所に一泊した。ここから同船は、サントス、モンテビデオ、ブエノスアイレスと南下するため、往路の終点かつ復路の起点となるブエノスアイレスから、サントス、リオデジャネイロと戻ってきた同じく大阪商船の「まにら丸」に乗り換えた。

一行はリオデジャネイロを九月八日に出帆し、パラー州のベレン港に九月一六日に到着した。このあと「まにら丸」は、ニューオリンズ、パナマ、ロサンゼルス等を経て日本に向かうが、一行はベレンで荷揚税関の検査を終えて、南拓のベレン植民宿泊所に入り、二一日夜に南拓社用船「アントニーナ丸」でベレンを出発した。そして、神戸を出航して約二カ月経った九月二二日午前八時半にトメアスー波止場に到着し、アサヒザールの四棟の共同宿舎で第一夜を明かした上、それぞれの入植地に入った。

その後、一九三七年まで二二回余りにわたって、三五二家族二一〇四名がアカラ植民地に入植したとされているが、一九三三年には、これまで精力を注いできたカカオ栽培に失敗し、続いて、挽回策として一九三四年三月以降行われた鉱物資源開発にも失敗した。そこで、南拓の経営自体の合理化も迫られ、福原は一九三五年に責任を負い、帰国した。また、政界を引退し、一九三二年より時事新報社で経営再建や評論活動にあたっていた武藤は、一九三四年三月一〇日に暗殺事件により逝去している。

さらに、その後三～四年間は悪性マラリアが猛威をふるい、退耕者が続出したため、「退耕シーズン」といわれた。ちなみに、一九三五年から一九四二年までで、二七六家族、一六〇三名が退耕したとされ、入植家族総数が三五二であったのでその七八パーセントにあたった。

また、第二次世界大戦下のブラジル政府の対応として、一九四二年一月二八日に対日国交断絶を布告した上、翌年一〇月には枢軸国の現地会社に対する清算法令も公布した。そして、コンパニア・ニッポニカ社は接収を受け、アカラ植民地は、北伯地区の枢軸国人の軟禁地区にもなった。なお、この時点の同植民地の開拓面積は二八六二町歩に達していたとされ、そのうち、道路及び建物の敷地三〇七町歩を除いた二五五五町歩が、植民地あるいは会社所有の農耕地であったとされる。

トメアスーの戦後の胡椒ブームや今日へのつながり

一九二八年八月に南拓が設立され、福原らの渡伯に先立って帝国ホテルで壮行会が行われた際、福原は五年以内に成功させると抱負を述べた。しかし武藤は、大事業のため、五年や一〇年で成功するとは思えず、二〇年先を期待すると語ったが、丁度、第二次世界大戦後に胡椒ブームがおこることで、彼の長期的見通しが現実化した。

その胡椒の苗は、さかのぼると、鐘紡に入社したのち、南拓につとめた臼井牧之助（一八九五―一九九三）が、一九三三年にシンガポールで購入し持ち込んだものであった。ブラジルにも在来種はあったが、この南洋種は収穫量が多かった。なお臼井は、女優の小山明子氏の父親にあたる。

そして、トメアスーは今日、アマゾン河流域にかかわる地球環境問題への関心から、当地の日系人による、自然との調和や環境保全を目的としたアグロ・フォレストリー（森林農業）の実践で、世界的に注目されている。この農法は、戦前のカカオ、そして戦後に繁栄を極めた胡椒も、病害虫等により壊滅的な被害を受けた単一栽培に対する反省にもとづく。そこで、栽培及び植樹する植物の多様性のもと、環境保全や自然との共生を図っていくことで、安定的な農林業収入も得ていこうとする。なお、このアグロ・フォレストリーの発想の原点は、永続性のある日本の里山の農業と、ブラジル原住民による在来農業にある。

以上、みてきたように、南拓の事業は、第二次世界大戦をはさむため、経営的には断絶した。しかしながら、トメアスーにおける日系人社会及び彼らによる農業は連続性を持った。そして鐘紡は、戦前からのブラジルとの関係により、進出先はサンパウロになるが、一九五五年に鐘紡ブラジル紡織有限会社（翌年よりカネボウブラジル㈱）を設立し、これが戦後の日系企業進出のさきがけの一つとなった。さらに鐘紡は、トメアスーにも一九六四年に高砂香料、トメアスー総合農業協同組合との共同出資により、胡椒油搾油を目的としたブラジル・カネボウ化学株式会社を設立した。このように、戦前の鐘紡及び子会社にあたる南拓の事業が、今日、ＢＲＩＣｓの一翼を担うブラジルにおける日系企業の戦後の活動の布石となった経緯もあった。

今日のトメアスーに武藤らの足跡をたどると、トメアスー日本人移民史料館も併設されている、一九六四年に建設されたトメアスー文化農業振興協会の講堂に、武藤の筆による「忍耐」と書かれた額が飾られており、その玄関前に武藤の胸像がある。この像は、日本人アマゾン（トメアスー）入植三五周年祭の挙行に際して、同年一一月一五日に除幕式が行われた。

また、当地には、移民功労者の顕彰物として、福原八郎や千葉三郎（一八九四―一九七九）の胸像も、それぞれトメアスー総合農業協同組合本部とトメアスー日本公園にある。そして日本公園の一角には、武藤、福原、臼井牧之助、千葉の墓碑もあり、一九七五年八月二八日に千葉が訪問した際に除幕式が行われた。なお千葉は、武藤の政界活動や時事新報社の経営にも側近として深く関与するとともに、第二次世界大戦後も政界活動を続け、労働大臣（第一次鳩山一郎内閣時、一九五四～五五年）等もつとめた。さらに一九七五年の千葉の訪伯の際には、ブラジル最高の勲章である「リオ・ブランコ大綬章」の彼に対する授与や、日伯国会議員同盟の日本側会長としての調印も併せて行われた。

移民事業を例とした政府の国際関係へのかかわり方

武藤のブラジル移民事業に対する考えは、福原八郎による視察談がまとめられた実業同志会調査部編『ブラジル事情』（一九二八年）に寄せた「緒言」にまとまっている。そこでは、①拓務省の設置計画は、大臣、政務次官、参与官のポストを設けるために国費を浪費するのみで反対であること、②他方、移民事業は、移住者とともに民間資本が行っていくべきもので、政府の奨励金は、移住者自身や、彼らの渡航費への補助に向けるべきであること、③したがって、一省に要する費用は、移住奨励金に繰り入れる方が良いこと、④フォード社も、このアマゾンの地への投資計画を持っていること等が記されていた。

また、当時の移民先として対比される満州国について、武藤の時事新報時代の評論である「満鉄会社の前途」(『時事新報』一九三二年一一月二一日)において、次のような意見を述べている。

それは、〝国際連盟との関係に世情の注意が向かう中、明治維新の際に攘夷から開国に転じたがごとく、日本を愛し、将来を思うのであれば、孤立ではなく開放の道をとり、富源の開発のためには、おおいに外国人の招聘及び外国資本の誘致につとめるべき〟というものであった。さらに、〝営利会社の如くして半ば公益事業のような南満州鉄道株式会社について、政府により正副総裁が任免されないように定款を改正し、政府以外の民間株主による選挙に委せるべきである〟とも述べた。

このような武藤の意見は、彼の経済的自由主義観から出たものであったが、同時に政治に翻弄されかねない国策会社の経営の危うさもみていた。彼の考えは、国際関係にかかわる事業においても経営と政治を分け、移民事業や開発事業も、民間主体で行っていくべきとするものであった。

第6章　社会政策と政治運動

1　軍事救護法制定運動

武藤と軍事救護法

武藤と社会政策とのかかわりの端緒は、一九一七年に公布され翌年に施行された、傷病兵及び戦死者遺族の救済を目的とした軍事救護法の制定運動であった。彼は、戦死者遺族や廃兵者等の問題は慈善ではなく、国の制度として解決するべきであるという考えに立って、鐘紡を経営するかたわら、この法律の制定運動を進めていった。

武藤がこの法律の制定運動に立ち上がった個人的な動機は、日露戦争の二〇三高地の戦いにおける弟・佐久間包四郎の死で、上等兵であった弟の場合でも、一年間の遺族扶助料の額が五〇～

六〇円程度に過ぎなかった。このような額では、ほかに扶助する者がなく、このような扶助料で生活しなければならない家の場合には、到底立ち行くものとはいえなかった。そもそも武藤には、父親の世代にさかのぼる自由民権思想の影響などから徴兵を回避した経験もあり、軍事施策への懐疑心もあったと思われる。

それに対し鐘紡では、従業員の老衰、傷病、死亡、そしてその家族に対しても十分な救済につとめており、軍人やその遺族に対する国家の救済をみると、まさに義務を果たしていないと武藤には思えた。さらに日露戦争時の鐘紡では、重役会の決議により従業員の有志が会員となって鐘紡軍人救護会を設立し、同社出身の軍人の傷病や、戦死者遺族に対する救済にあたった経緯もあった。このような国家の義務に対する怠りは、軍人の士気にも悪影響を及ぼしかねず、さらに士気の低下は、軍縮を進めるに際しても不都合と考えられた。

以上のように、武藤は軍人に対する国家の義務観念の弱さを正し、この問題は慈善事業で解決するべきではないとして、鐘紡経営者としての自負心も持ち、法律制定運動を進めていった。しかしながら時には、特に陸軍からの反発を受けた上、彼の運動が社会主義運動とみなされたこともあった。

なお、法律の立案に際して武藤は、鐘紡共済組合の制度を念頭に置きながら自ら原案骨子をつくり、法令の起草は美濃部達吉（一八七三―一九四八）に委託した。そして、慶應義塾々長をつとめ、また立憲政友会の代議士であった林毅陸（一八七二―一九五〇）を代表として、まず第三六特別議会（一九一五年五月―六月）に建議案を提出する方法を取り、法律制定の端緒をつくった。しかし、第三七通常議会（一五年一二月―一六年二月）で衆議院議員提出法律案として上程された「廃兵・戦病死者遺族・軍人家族救護法案」は、衆議院を通過したものの、陸軍と大蔵省の反対にあって貴族院で審議未了となり、第三八通常議会（一六年一二月―一七年一月）では上程されたものの議会が解散となった。そして第三九特別議会（一七年六月―七月）に、後藤新平（一八五七―一九二九）内務大臣の理解のもと、政府提出法律案として上程された軍事救護法案が両院を通過し、法律化されたのであった。

この結果、傷病兵とその家族、そして下士兵卒の遺家族で生活に困難を来す者、五万人余りに対しての生業扶助、医療扶助、現品給与、現金給与が行われたが、この法律下では、施行令で示された手続き上の面倒さから救護の遅延が目立った。そして、救護の一層の拡充も必要であったため、一九二三年四月に政党・実業同志会が結成された際には、「退役軍人、廃兵及び戦死者遺族を優遇すること」が政策として唱えられた。さらに、一九二八年の政実協定（＝立憲政友会と実業同志会の政策協定）時に、「軍人廃兵・戦死者遺族の優遇」を一項目として掲げ、廃兵問題調査会を設けたのも、この軍事救護法やさらに兵役税法の改正の必要を、武藤が考えたからであった。

なお、軍事救護法は、武藤が国民同志会を率いて衆議院議員として政界活動を続けていた一九三一年に改正が行われ、救護の種類を生活扶助・医療・助産・生業扶助の四種類とし、彼の死去後の三七年には軍事扶助法と名称が改められ、救護の一層の拡充が図られた。

2　健康保険法制定への関与

武藤と健康保険法

一九二六年の健康保険法の施行にともなって、鐘紡共済組合の保険的制度は移管されることになるが、一九二二年の同法の制定に際して武藤は、一九二一年一二月一〇日から翌二二年一月一六日までの間、計六回にわたって総会が開かれた政府の労働保険調査会の審議委員となっていた。彼は、この調査会の第一回総会と、議会における審議のために農商務大臣への答申をまとめた第六回総会に出席し、さらに、第六回総会の前に三回にわたって開かれた特別委員会に向けて、一月七日付けで、労働保険調査会特別委員長の内田嘉吉に書面を提出して意見を述べた。

この労働保険調査会における武藤の一貫した主張は、健康保険法の実施自体には概ね賛成するが、それでも鐘紡共済組合の救済制度の方が、同法案に示された内容よりも充実しているとして、一〇余りある官営共済組合に除外規定を設けるのであれば、民間企業の共済組合にも設けるべきとするものであった。この健康保険法の骨子は、傷病、分娩、死亡等に際して、医療費、賃金の損失に対する傷病手当金、出産手当金と分娩費、埋葬料等を給付するというものであったが、このような項目について鐘紡の場合と比較対照しながら、彼の見解を示した。さらに鐘紡共済組合は、一九一七年及び一九二〇年に行われた調査の結果、約六〇〇あった工場の共済組合、それらの中でも質的に共済組合と呼びうる四五余りのうち、最も優れたものと評価されていた（一九二二年一月一〇日に開かれた第二回特別委員会における膳桂之助農商務省工務局労働課長の発言）。しかし、武藤の主張は第六回総会の審議で否決されてしまった。

ところで武藤が、このような除外規定を設けようとした理由は、単に鐘紡の共済組合制度が民間のそれとして最も優れていたからだけではなかった。というのは、企業から国に救済機関が移ると、これまでの慈恵的施策が与えられなくなり、企業の「温情主義」的施策として、労使協調の目的を達せられなくなるからでもあった。また彼は、政府の所管にすることから生じやすくなる詐病、不正なども自治的な組合であれば防止できると述べた。さらに彼にとって、政府の健康保険組合に移管することによって得る組合員一人あたり年間二円の補助についても、企業が主体となった共済組合制度の労使協調の効果を考えると意味をなさなかった。

このように武藤は、企業の自治を重んじ、国家の経済活動に対する干渉を排除しようとする考えをもって、彼の経済的自由主義を貫こうとした。彼は鐘紡において、国が行おうとしている健康保険制度以上の救済を実施しているという自負心を持っており、また、このような国家の干渉が、鐘紡の労務管理制度のしくみの主要な部分を壊すことにつながりかねないと考えていた。

しかしながら、この調査会の審議の中で、民間企業の共済組合に除外規定を設けない理由として、その大部分が、健康保険法の規定以下の救済しかしていないとするもの以外に、「温情主義」の労働者の権利に対する認識の弱さの指摘があった。第六回総会において武内作平委員は、温情的にやりたいとする説もあるかもしれないが、むしろ権利としてこれだけのものを労働者に与えたいとし、膳桂之助幹事（労働課長）は、官業には共済組合に関する勅令があるが、民間のそれには法令もなく、しかも民間では事業主の都合で行われ、組合員の権利義務の保障もないと述べた。その上で、組合員の権利を十分保障するために、存立や給付について法令の保障のないものを認めることには矛盾があるとした。これら武内や膳の意見のように、従業員側の権利に着目すると、健康保険制度として示された内容については、単に企業の救済制度の方がまさっているからとして、その慈恵的福利厚生制度に任せるべきものではなく、やはり法的根拠のもとで、国なりあるいは企業なりが保険制度を実施していくべきであった。

なお、この除外規定をめぐる第六回総会では、投票の際、政府側の意向を通すため、これまで審議の場にいなかった委員が採決にだけ加わるという作為があった。それに憤った武藤は、各方面の意見を徴したということに利用されたとして、その後、戦死者遺族・廃兵・兵役義務者に対する審議会以外、政府の審議会や調査会と称するものの委員は、一切請けないようにしたと述べている。

3　大日本実業組合連合会の結成と活動

創立までの経緯

大日本実業組合連合会の端緒は、一九一七年八月一一日の発起人の会にある。そのきっかけとなったのは、当時の寺内正毅内閣が、中国を第一次世界大戦に参戦させるために、中国政府の関税引き上げ要求を認めようとしたことによる。そこで、特に中国向けの商品を多く生産していた関西の紡績業者や、それに関係する中小商工業者たちは反対運動を展開したのである。

この運動が契機となって、大日本実業組合連合会の創立が準備されていく。その事務には大日本紡績連合会があたり、全国の千五百余りの中小商工業者の組合を勧誘し、二三九組合の賛成を得て、一九一九年二月一五日に結成された。なお、紡連が事務を扱っていた関係から、同会委員長の菊池恭三（大日本紡績社長）が会長につき、委員長に武藤、そして副委員長に、日本輸出メリヤス同業組合連合会組長の外海銕次郎が就任した。

創立総会で委員長に指名された武藤は演壇に立ち、この会の創立の趣旨を述べた。

武藤がこの会を設立した動機は、関税改正に際して、当局者が秘密政治的に政策を決定していく姿勢を示したことにあった。関税改正は、当局と一部の実業家との話し合いにより決定され、武藤らはこの秘密政治により不利益を受けた。そこで彼は、実業家同士の公平を期すために、政府の諮問に応じる全国規模の代表機関を組織しようとして、この会を結成したと説明した。したがってこの会の目的は、決して不当なる利益を獲得しようというものではなく、秘密政治の弊害を根絶して、実業界を高潔にしていくことにあった。さらに、政府が団体の代表者に諮問をする際には、一部の実業家を近づけることがないように、新聞記者の立会いのもとで行うことを提唱した。

ところで、日本の企業と政府との間の関係史について、中川敬一郎『比較経営史序説』（一九八一年）で次のような指摘がなされている。

議会では、地主層出身の議員が主流を占め、産業問題についての認識が乏しかったため、産業問題に関する議員立法の可能性が少なく、経済関係の法案は、もっぱら政府行政官僚の手で作成され、内閣から議会に提案されるという伝統ができ上がった。したがって、政府と企業の結びつきが綿密となり、多くの政商的企業家も登場した。さらに、このような歴史的事情を経てきた日本の課題として、企業の政府への働きかけを正当化する理念的基礎がないために、日本の企業の官庁ロビイングは、インフォーマルな形となっており、このような政治体制が自由経済と民主政治の原則に立った自由経済体制にとって果たして問題がないかどうかを、経営理念の重要問題として改めて再検討してみなければならないとしている。

このような当時の状況の中で、武藤の場合は、政府及び政治家と政商との間の秘密裡なつながりを批判しながら、自ら実業家団体を主導したり、政党を結成したりして、実業家の立場からの公明正大な政治運動を展開していった。

政府に対する要求

続いて、創立総会における武藤は、政府の経済活動への介入を排除するために、自由主義的な要求を二つ掲げた。

その一点目は、政府の経済活動を民間に移管させることであった。ここでは電信、電話、そして鉄道などをその対象として取り上げ、特に電信の効率の悪さ、電話のプレミアムの高さについて指摘した。

二点目は、経済的自由主義を貫徹させるために、政府に官尊民卑の考えを改めさせることであった。その例として、商業会議所の会頭の認可権が農商務大臣にあることや、日本銀行が大蔵省の管轄下にあることなどがあげられた。そして、このような要求を行うために実業家は、より品格を高めなければならないとした。

また武藤が財界のために、日本銀行総裁に望んだことは、大蔵大臣によって左右されない独立した地位にあることであった。そして日銀は、財界との間にも独立した立場にあるべきで、ましてや特定の財界人との結びつきを持ってはならなかった。そこで彼は、一九二二年に井上準之助日銀総裁も主導する中、日本経済連盟会が設立されたことに対して強く批判した。

この日本経済連盟会の発起人は、この井上をはじめ、郷誠之助、団琢磨、藤山雷太、和田豊治など計一一名で、商業会議所と日本工業倶楽部のメンバーを中心に構成された。武藤も日本工業倶楽部の会員であったが、結局、日本経済連盟会には加わらなかった。なお日本経済連盟会は、戦後、一九四六年に設立された経済団体連合会（経団連）、そして今日の日本経済団体連合会（二〇〇二年に経済団体連合会と日本経営者団体連盟〔日経連〕が統合）につながる組織である。

日本経済連盟会は、武藤の大日本実業組合連合会と同様に、基本的には政府に対して自由主義的な要求を掲げ、さらに労働問題の解決に向けた活動も行った。しかし武藤は、次の二つの理由により入会を拒否した。一点目は、この団体の実業家たちが、政府から保護を受けることによる弊害を助長する可能性があったからであった。そして二点目は、井上自身が日銀総裁という官吏的で独立を保つべき地位にありながら、彼が実業界の人々と親密になることで、弊害を生む可能性があったからであった。

武藤は、明治維新から五〇年余り経ち、実業界は、政府や日銀等と常に結託する一部の実業家から解放され、福沢諭吉のメッセージでもある独立自尊の気性を持たなければならないと考えた。そして階級闘争の問題が高揚しつつある中で、実業家は国民各階級の調和に努力しなければならなかった。そこで、もし自己本位、あるいは狭い仲間本位の利益を求めたならば、社会公衆から強く反撃を受ける時が来るのは明らかであった。彼にとって、そして社会全体にとって、その最も憎むところは有力なる実業家が政府の保護救済を求めることであった。

創立後の大日本実業組合連合会は、営業税全廃を中心に、次にみるような政府に対する自由主義的な要求を行っていった。なお、外形的基準により課税する営業税は、一九二六年に営業純益を課税標準とする営業収益税に改まった。

所得税改正案に関する決議

大日本実業組合連合会は、一九二〇年三月二六日に、「所得税改正案に関する決議」を行った。そこでは、税負担の不公平さを是正することと、税制問題を解決するために、五月の総選挙に向けて代議士を推挙することが討議された。

武藤が開会の挨拶をしたのち、副委員長の外海が演壇に立った。外海は所得税を重くする傾向にあるにもかかわらず、営業税が手直しされないことを批判した。そこで、この問題を解決するためには実業界を代表する議員を選出し、税制の公平を期するようにしなければならないと述べた。ところで、実業家である彼らは、地主層と対比する中で重税感や不公平感を持っていた。例えば、紀州綿ネル同業組合長の南楠太郎は、明治初期に農民の声が反映されて政治家は政党を結成し、農民のために地租改正が行われたのに対して、実業家は余り黙っているため重税に苦しみ、不公平感を持つにいたったと指摘した。

続いて、大阪実業組合連合会理事の荒木道文が、営業税の問題点は、収益に対してではなく、営業の規模に対して課税されることである旨を述べた。さらに荒木は、大阪選出の商工業に関係の深い二人の議員に圧力をかけさせ、所得税改正案の納税比率を下げさせたことを述べた。そこで彼は、やはり直接利害関係を持っている納税者を議会に送らなければ、実業家の意志を徹底させることは困難であるとした。

会としての議会に対する活動については、二つの意見にわかれた。一つは、後年の実業同志会の結成にみられたように、直接的に趣旨を貫徹させるために、大日本実業組合連合会を結成母体として「実業党」を組織する方法であった。もう一つは、政党結成ではなく、連合会の勢力を拡大することで、政治に対する影響力を高める方法であった。ここで政党の結成が嫌われた理由は、商人は政党政派に関係しないという事が、これまで常識とされてきたからであった。

そして、武藤が所得税改正反対案を提出する理由を述べる中で、日本は立憲政治の国でありながら、原敬政友会内閣が税制改正に際して、利害関係者である実業家からの意見を聞かなかったことについて批判した。それではなぜ、実業家が政友会内閣から軽視されたかというと、それは彼らがいかなる取扱いを受けても黙って服従していたことと、彼らの中に政治に逆らわないよう内々に政府に向かって運動をして、不当な利益を得る者がいたためであった。このように政府と結託する実業家は、武藤らにとって迷惑な存在であり、批判されるべき対象であった。

政府による所得税改正法案は、低所得者層の税負担の軽減を目的とした社会政策の一環として出されたもので、そのような趣旨には武藤も賛成していた。しかし彼はこの法案に、企業の内部留保に対する課税強化の条項があることから異議を唱えた。鐘紡ほかの大紡績企業は、このような積立金により金融面での自立を果たし、不況を克服してきた経緯があった。彼にとって株式会社の経営上、一番大切なものは積立金で、これは会社の信用と歴史の指標であった。そして企業の存立こそが、社会政策の実施対象となる労働者の生活を安定させるための条件でもあった。

この所得税改正法案では、払込資本金に対する積立金の比率によって課税額が決まることになっていた。そこで、この積立金への課税負担を軽減するためには、増資をする方法が考えられた。しかし、増資ののちに営業成績が落ちた場合、株主への配当が減ることになる。すると、株主が配当の増額と併せて経費の節減を要求し、その結果、従業員の賃金を減らされたり、さらに福利厚生施設の縮小をせまられたりする可能性があった。

このような武藤の説明は、もちろん彼の鐘紡経営を念頭に置いてなされた。また彼は、従業員を賃金面や施設面で優遇しようという「温情主義」的経営を広めることで、労働問題の解決を図ろうともした。そして、産業が発展する中で労働者の生活が向上し、さらに国が労働者を救済するために社会政策を実施することで、日本の階級闘争の問題が解決されると考えていた。つまり彼は、内部留保に対して課税強化する法案を、社会政策の実施以前に、産業の発展を阻むものとして認識していた。

しかし、この所得税改正法案は、一九二〇年五月の衆議院議員総選挙ののち、七月一日に招集された第四三特別議会で可決され、八月一日に施行された。武藤らはこのような税制問題に対する要求を通じて、さらに強く政府に対して発言していかなければならないと自覚した。

軍縮剰余金の使途に関する陳情

大日本実業組合連合会の政府への要求は、営業税全廃を中心としてさらに続けられる一方、一九二二年一月に「軍縮剰余金の使途に関する陳情」が、武藤委員長名で高橋是清内閣総理大臣に提出された。その内容は、軍縮を機に営業税をはじめ、通行税、醤油醸造税、絹織物を除く織物消費税などの廃止を要求するものであった。

このような要求が出された理由は、日清・日露戦争遂行にともなう軍備拡張と財政膨張のため、それらの税が新設あるいは増徴された経緯による。この課税は、日常必需品の価格を高くし、中流階級以下の負担を増加し、さらに商工業の発達を阻害したため、産業政策上や社会政策上の観点から、営業税などの税制整理が要求されたのであった。

またこの陳情では、そのような産業政策上と社会政策上の観点から、軍縮剰余金を教育改善と、軍縮にともなう退役軍人への優遇に向けるように要求された。

教育改善については、品性の修養を重んじた教育を普及させることにより、産業の発達と労使の協調を期することが提唱された。特に、当時は思想問題が高揚してきており、社会秩序の維持と国運の発達のため、この解決が急務であった。具体的には、義務教育費国庫負担額の増加と、各人の才能と境遇に応じた各種実業補習学校の新設などが要求された。

退役軍人の優遇については、服役中に職業教育を授け、さらに退役時の給与を厚くし、退役後の生活に困難をきたさないようにすることが述べられた。また、ここでは武藤が制定に関与した軍事救護法と、さらに軍人恩給法についても触れられた。彼は、行政窓口での手続きが複雑なことと、戦死者遺族、廃兵、そして退役軍人に対して十分な保障がなされていないことで政府を批判した。国家が国防の重任にあたる軍人を十分に優遇することは、軍縮後の士気を維持する上でも必要であった。

金解禁の建議

大日本実業組合連合会が、産業振興のために行った政府に対する要求運動は、さらに経済政策面にも及んだ。

一九二二年年八月一六日に「金輸出解禁に関する建議書」が、武藤委員長の名で、加藤友三郎内閣総理大臣に提出された。この金解禁によって期待された効果は、物価の引き下げにあった。この効果で生産費が下がり、さらに国内経済の整理が行われることで、産業を発達させ、対外競争力も高めさせようと考えたのである。

ところで武藤は、大戦後に急激な物価下落を経験しつつも、諸外国に比べると日本において物価高の基調が続いた原因として、日本銀行の多額の正貨保有をあげた。そこで彼は、戦時中に膨張した通貨を収縮させるための手段として金解禁の実施を主張した。

さらに武藤は、金輸出禁止の弊害として、対外為替レートが不利な状況におかれていることを指摘した。当時の日本の主な輸入品は原料と機械で、工業を発展させるためにはそれらを必要とした。そして、そのまま産業不振が続いた場合、失業者が増加し、思想が悪化することが予想された。

この金解禁論の目的は、物価の引き下げにあったので、武藤は物価高につながる政府の経済政策についても批判した。

その中でも、特に武藤が批判の対象としたのは、高橋是清が中心となって行ったいわゆる政友会の積極政策であった。彼は、政友会の行った不急の事業にともなう財政支出膨張と公債増発が、物価騰貴を助長したと考えた。さらに公債増発の結果、民間の産業資金が減少し、金融引締めの傾向が助長されたとみた。

この政友会の積極政策について武藤は、第一次世界大戦中や大戦後に、これを支持した国民にも反省を促した。彼は積極政策の結果として生じる物価高と公債の増発、さらに財政支出の拡大にともなう増税の弊害などを念頭に置いて、世論の喚起を促そうとしたのである。

なお、この頃の武藤は、いわば円の価値を切り上げて金輸出解禁を行おうとする旧平価解禁論者であったが、その後の彼は、一九二九年頃から実勢価値で行おうとする新平価解禁論者に転じていくことになる（第7章4）。

4　政治革新論

武藤は慶應義塾で、アメリカ合衆国のF・ボーエン（一八一一―九〇）の経済書を読む中で、一国の盛衰はその国の政治の良否によるので、政治をゆるがせにしてはならないことを脳裏に刻んだ。彼は鐘紡の経営者であり、大日本実業組合連合会も経営者の集まる団体であったが、一国の経済活動を営む立場からも、政治に対して発言していかなければならないと考えた。

武藤は、大日本実業組合連合会を率いながら、産業を振興させるために自由主義的な要求を行うにとどまらず、政界革新と社会政策の実施の必要性を考えていた。なぜかというと、ロシア革命（一九一七年）もおこった第一次世界大戦（一九一四―一八年）後の社会情勢として、階級闘争の問題が深刻化してきたことに危機感を抱いたからであった。例えば、第一回国際労働会議に出席した際、世界的な思想の動揺を感じ取っていた。

武藤は、この階級闘争の問題に対する危機意識を抱きながら、『経済雑誌ダイヤモンド』誌上において、一九二一年三月一日号に「政治一新論」（のちにダイヤモンド社より単行本として刊行）を、そして同誌の同年六月一一日号から七月一日号にわたって「文明擁護運動を起せ」を発表した。

「政治一新論」

「政治一新論」で武藤は、資本主義社会の存続と、特に当時の労使（資）間の階級闘争の問題を念頭に置いて、政治一新の方法について述べている。そこでは巻頭に、本論の主意と称して、一、政治を純潔なものにするために、すべての損益勘定のある仕事を政治権力より取り去ることと、二、政党政治にともなう悪弊を防止するために、総理大臣の公選及び任期を限定するとともに、退任後に政治にたずさわらないことを主張した。

階級闘争の問題が高揚してくる中で、特に武藤が危惧の念を抱いたのは、政治と実業の癒着関係により生じる政治腐敗の問題であった。調整する立場である政治家や官僚と、労働者側が闘争の対象としている使用者や資本家との間に、結託関係がみられることは、当然、不公正であった。さらに、このような政府と財界とのつながりは、国民全体からみても政府が財界偏重にうつり、社会の各階級の不平不満を助長すると考えられた。そこで、政治腐敗の問題を防止するためには、政治権力と財界のつながりを絶たなければならなかった。

明治維新にさかのぼれば、富国強兵政策のため、政治と実業が接近することはやむを得ない点もあった。しかし時代が下ると、実業の政府に対する依存や癒着関係が、政治腐敗の原因となった。そこで武藤は、これまでの財界の中心人物であった渋沢栄一に対しても意見を述べ、財界のあり方を転換する必要を訴えた。

武藤は、渋沢の人物の高尚さと功績に敬意を払いつつも、彼に対して、「我実業界を政治と結び付け、政治と実業とが離るべからざる習慣を醸成するに至りたる事実はこれを否むべからず」と述べている。さらに「渋沢宗の帰依者」と目される者に対して、「渋沢宗の教義たる政府万能の題目を唱えて政府に依らんとする弊風」を有し、「局外者よりその行為を見れば、いかにも実業家なる者の無節操無主義なるを思わしめ、他の階級の反感擯斥を促すと同時に、実業界をして独立自営の気性を失はしむること尠少ならず」と述べている。

このような武藤の意見は、渋沢自身に対してというよりも、むしろ当時の財界の主流をなした者たちに、政府に保護を求める弊風をみていた。そこで、福沢諭吉の独立自尊の精神を旨とする武藤は、政治との関係を持ちながら財界の主流をなす者たちを、批判の対象としたのであった。

財界に独立自尊の気性をおこすために、日本銀行のほかに、特殊銀行や特殊会社の制度も改正して、財界が様々な場所で政府に依存することにより生じる弊害を取り除こうとした。そして武藤は、損益勘定にかかわる仕事が政府の手にあると、社会上の不正不義が行われやすくなると考え、鉄道省、逓信省、一部の農商務省の事業を民営化し、さらに公益上、政府が保有する必要のない山林の公売、航海、殖産奨励等の施設廃止を行うことで、政治組織を簡略化しようとした。また、内務、外務、司法の三省のほかに、軍人以外の実務家を大臣とする軍務省を設ける形で省庁を集約・再編し、また文部省の官営教育が、品性陶冶を目的するものには遠いため、民間の高徳の士よりなる国民教育委員に委ねようともした。

次に、政治権力と財界のつながりを絶つために武藤が考えたのは、政治家の野心と権力抗争の弊害を取り除くことであった。そこで具体策として、総理大臣の公選制と任期を二期までとすることを主張した。彼の意図は、党派の発生や、その党派の勢力争いにともなう財界とのつながりを絶つことにあった。さらに内閣の頻繁な更迭を防止し、任期内の政治に専念させようともした。

「文明擁護運動を起せ」

「文明擁護運動を起せ」は、日本の政治家や資産家は時勢に遅れているため、世界的な階級闘争の進展を理解しておらず、文明擁護のため、彼らは奮起する必要があるという趣旨であった。そして、文明開化のために心血を注いできた福沢諭吉に報い、国家の一員としての責務を果たしていかなければならないともした。また、ここでは、政治腐敗の問題を克服した事例として、イギリスやアメリカ合衆国での事例を紹介した。

イギリスでは一八世紀後半の大ピット（＝初代チャタム伯ウィリアム・ピット、首相在任期間は一七六六年から六八年）の時代に、王室や政府はものを有さず、損益勘定がともなう経済活動に関与しない政策を取ったため、政界が廓清されたと武藤は述べた。また、アメリカ合衆国では、ジョージ・ワシントンが大統領の任期を二期までに限る慣習をつくったことで、比較的高尚な政治が行われたともした。

次いでアメリカについては、武藤が国際労働会議への出席を機に視察してきた労働事情に関する感想として、同国の資本家は公衆の利益を重んじ、従業員の優遇に心掛けていると紹介した。その一方で、日本の実業家に対しては、自己中心的な態度を改め、公衆の利益を重んじ、正義の観念を持たなければ文明の破壊を来たすと反省を促した。

そしてなぜ、政治家や実業家に対して文明擁護を訴えたかについては、一九一八年の米騒動の際に、「悪い者のために正しい者も焼かれる」可能性があることを、鐘紡兵庫工場近くで、強欲な家主に対する焼打ち事件がおこった中で認識したためと説明した。なお、米騒動の渦中の神戸市中では、金子直吉が率いる鈴木商店本店も焼き討ちにあっている。

大日本実業組合連合会における武藤は、政府に対する自由主義的な要求のみならず、政治革新の必要も唱えたが、その最大の理由は、階級闘争に強い危機意識を持っていたからであった。そして、この問題には、特に政治家や実業家が、それぞれ独立した立場から、各階級間の調和のためにつとめる必要を考えていた。武藤はこれらの問題を解決するために、政界に進出していくのである。

第7章　政界活動

1　政党・実業同志会の結成

実業同志会の結成

一九二三年四月二三日、大日本実業組合連合会は、全国の一二四組合の代表委員六一〇名を集めて、政界革新を目的とした新団体の創立総会を大阪で開催した。ここに、政党・実業同志会が結成された。

この総会で実業同志会の会長となった武藤は、結成趣旨を次のように説明した。

目的は政権を獲得するためではなく、むしろ政権を獲得するために生じた政党政治の弊害を改めることにあった。そのような弊害の典型として、いわゆる立憲政友会の積極政策が取り上げられた。政友会は、国民の経済に対する無理解の中で、党勢を拡大するために不急の事業を行った。その結果、民間の資本が枯渇し、金利の上昇をまねき、生産の発達が阻害された。そして、党勢を拡大する中で、政治家と政商的企業家の癒着も生じて政治腐敗がおこった。

また、当時の社会状況の中で、武藤が最も危機感を抱いていたのは、階級闘争の問題であった。そこで政治家と実業家は、労働者側から批判を受けないように、社会の各階級の調和を図る施策を講じなければならず、政治的には純真な立憲政治を確立し、政治腐敗の問題を改める必要があった。そして経済的には、労働者の所得を増加させ、彼らが企業家に対して不満を抱かないようにしなければならず、そのためには労使が協調し、産業の振興が図られる必要があった。さらに、そのような課題に向けて、国費を国力に見合う程度にまで減少させ、資本を増加させなければならなかった。

そこで、階級闘争で批判の対象とされている資本家はやはり必要な存在であったが、他方、特に政商的企業家は政治に依存することで、労働者側から不公正感を抱かれないように自制が求められた。さらに労働者の不安を解消していくために、社会政策が実施されることも必要であった。

宣言、綱領、政策

以上の観点にもとづいて、次のような実業同志会の宣言と綱領、それに政策が発表された。

宣　言

人類歴史ありて以来、社会の発達は生産の増加に伴い、国家の繁栄は経済の充実に懸かること、東西史乗の明らかに示す所なり。従って生産に関連する経済問題は、実に一国政治の中枢たらざる可らず。是を以て経済的知識経験を有する真面目なる実業家の政治に関与することは、国運隆昌の為め極めて緊要なることに属す。然るに我が国の実業家は由来政治に冷淡にして、事あれば、即ち政府政党に哀訴嘆願し、敢えて自ら起こって国政に関与し国策の樹立に力を致さんとせず、是吾人の最も遺憾とするところなり。

斯くて我が国の政治は、所謂専門政治家に壟断せらるゝにいたれり。憲法発布以来茲に三十五年、国民の多数は依然として政治的自覚なく、政党の弊害愈《いよいよ》甚だし。今にして速やかに覚醒し党弊を刷新するに非ずんば、国家の前途真に憂慮すべきものあらん。

是によりて吾人相諮り、実業同志会を組織し、左記綱領に基づき政治の革新を行い、国運の発展を図らんと欲す。其の特に商工業の振興を主張し、悪税の廃止を要求するは、生産の増加が国利民福の基礎にして、負担の軽減が国力充実の要件なりと信ずればなり。必ずしも階級的利益を代表するものにあらず。時務の急なるものを行いて、国家永遠の利益を増進せんと欲するが為のみ。若し夫れ、国民全体の幸福を増進すべき社会的施設にして、国費に依るべき必要あるものに至っては、吾人は進んで之が実行に努力すべきは言うを俟たざるなり。今や吾人は、既成政党の外に立ち、独立して本会を組織するに至りたりと雖も、素是れ現在の政党到底頼むに足らずと思惟するによる。敢えて好んで党を樹て争いを繁くせんとするものにあらず。従って他日我が国の政界にして廓清せられ、立憲政治の完全なる運用を見るに至らば、吾人は欣然として本会を解散し、各其の主義を同する政党に参加せんと欲するものなり。

綱　領

一　国民の自覚を促し、純真なる立憲政治を確立せんことを期す。
二　公衆の利益を無視する国家の保護及び之を獲んが為になす総ての請託及び運動を排斥し、綱紀を振粛せんことを期す。
三　着実剛健の気風を振作し、社会の発達を建実ならしめんことを期す。
四　産業を振興し、国家の基礎を鞏固ならしめんことを期す。
五　財政・行政を整備し、国民の負担を軽減せんことを期す。
六　適切なる社会政策を実行し、人心を安定せしめんことを期す。

政　策

一　実業家又は実業家にあらざるも、本会の綱領及び政策に賛成する同志の代議士を議会に遣り、党弊の廓清を図ること。但し代議士候補者たるべきものは本会会員に限ること。
二　普通選挙の問題を今日の如く未決の儘に置くは、国民思想に悪影響を及ぼすを以て、速かに普通選挙実行時期を定め、官民共に其の準備に着手すること。
三　国民の権利義務に重大なる関係ある事項に付き、従来立法部たる議会が、其の規定を多く命令又は行政官の裁量に委したる弊風を刷新すること。
四　営業税、通行税、醤油醸造税、織物消費税其他の悪税を廃止すること。
五　所得税に付きては、資本の集積を妨ぐるが如き法人の留保所得課税制度を改正すると共に、勤労所得税金額の最低限度を引き上げ、其他適当なる軽減を加えること。
六　地租の廃止に賛成すること。
七　関税は我が国生産の発達を妨げざるを方針とし、之を減廃すること。
八　中央並びに地方財政を緊縮し、負担の軽減を図ること。
九　殖民地会計其他特別会計の整理緊縮を行うこと。
一〇　預金部の資金運用方針を決定する機関を設けること。
一一　会計検査制度に改正を加え、国庫の支出を有効にして経済的ならしむること。
一二　鉄道、港湾、治水等の継続事業に対し、適当なる繰延べを断行すること。
一三　財政の民間経済圧迫を排斥すること。
一四　産業に対する国家の干渉を除去すること。特に産業の国営に反対すること。
一五　特殊会社及び特殊銀行の制度及び組織を改正すること。
一六　外交は対外経済発展に重きを置き、必要なる刷新を加えること。
一七　通商条約は締結又は改訂し、経済の発展に便ならしむること。
一八　文官任用令を改正し、人材登用の途を広くすること。

一九　行政組織の根本的改正を行い、事務の簡捷、政費の節減を図る事。
二〇　鉄道は国有民営の制度に改めること。
二一　郵便電信の現制度に大刷新を施し、殊に電話の速通普及を可能ならしむること。
二二　海軍は華府会議の決定に基づき之を縮小し、新規計画は、国防の安全に必要なる限度に止むること。
二三　陸軍に付いては国民的軍事教育を振興し、常備軍を整理減少すること。
二四　貨幣改鋳益金全部を社会事業に使用すること。
二五　退役軍人、廃兵及び戦死者遺族を優遇すること。
二六　傷病廃疾及び老衰者の救済制度を完全にすること。
二七　義務教育は其の内容を充実するとともに、特に徳性の涵養に力を致すこと。
二八　小中学校にて其の学校限り退学する生徒のため実業補習科を設け、最後の一年は、各自好むところに従い、専ら実業の講習を受けしむるべきこと。
二九　社会教育を盛んにし、国民思想を啓導すること。
三〇　高等教育の年限を短縮し、活気ある人材の育成を図ること。
三一　私学を奨励し、理、工、農、医科以外の大学は成るべく之を私学たらしむること。

武藤が掲げた実業同志会の方針を要約すると、政策の柱は①経済的自由主義思想にもとづく産業の振興、②社会政策の実施の推進、そして産業を振興させるための③政界革新であった。「宣言」の冒頭に述べられているように、国家の繁栄は経済の充実に懸かり、経済問題は政治問題として、その中核をなすものであった。しかし、経済に関する政治的問題が生じても、実業家の多くは政治に対して発言を行わず、由々しき場合には、政治的保護や便宜を受けるために、政党や政府の要人に嘆願する者もいた。武藤はこのような実業家を政商と呼び、「綱領」二にあるように、真面目な実業家や社会の利益を無視しながら国家の保護を得ようとするその態度を批判した。

さらに武藤は、「宣言」の中で政治家への批判も行った。既成政党は、産業の振興を念頭に置いた行財政改革を進展させず、さらに政商との結びつきを深める中で政治腐敗をおこしていた。階級対立が表面化しつつあった当時、政商と既成政党の政治家が癒着しているようでは、労働者側の不満が高まるのは必至であった。

そのような政商に対して、政治的便宜を与える方法や場として武藤が念頭に置いたのは、「政策」三の「行政官の裁量」、一〇の大蔵省「預金部」、そして一五の「特殊銀行」であった。そこで、その解決方法としては、まず前提条件として政財界間の癒着構造を改めること、「行政官の裁量」にともなう弊害に対しては、実業家代表を数多く議会に送ることと、議会における審議の効率化を図ることで議会が決定権を持つようにすることを唱えた。そして「預金部」に対しては、会計検査制度の一層の充実を図ること、さらに「特殊銀行」についても、会計検査院の調査を受けるようにすることや、総裁を政府の任命ではなく株主の公選とすることなどを考えた。

武藤が実業同志会を結成し、政界進出したことは、真面目な実業家の立場から経済問題の政治的解決を推進するための手段であり、政治的あるいは階級的な争いをおこそうとするものでは決してなかった。特に階級闘争問題については、産業を振興させる中で労働者側の所得を向上させ、労働者救済のための社会政策の実施を推進し（「政策」二六）、さらに教育活動を行うこと（「政策」二九）で、この問題の解決を図ろうとした。そして、実業家が理想とする健全な立憲政治の運用をみた時点で、実業同志会は解散するのである。

この宣言、綱領、政策は武藤の考えを神戸高等商業学校（現、神戸大学）の滝谷善一教授が成文化していったものであったが、それらと会則の起草委員となった主な構成員は、鐘紡の武藤ほか、東洋紡績の庄司乙吉、大日本紡績の福本元之助、日本毛糸紡績・日本絹紬の河崎助太郎、東洋綿花の児玉一造、八木商店（綿糸商）の八木与三郎、田附商店（綿糸布商）の田附政次郎などであった。実業同志会には関西の財界、その中でも繊維業界人を中心に、各種の同業組合員が多数結集した。

そして会則では、関西本部と関東本部をそれぞれ大阪と東京に置き、さらに全国に支部を置くことが明記された。

一九二三年四月二三日の創立総会の時に関西本部及び大阪支部を設立したほか、六月二四日に関東本部及び東京支部を設立し、さらに全国合計二八の支部の設立を果たしていった。特に関東本部については服部金太郎、岩崎清七、岩田勝蔵等が設立に奔走した。

結成理由

実業同志会を結成した理由について、創立総会の中で議員経験がある金沢仁作が述べた。帝国議会には、実業家の議員も出ていた。しかし、政党に籍を置いている者は党議に拘束されており、しかも党弊が甚だしかった。ただ単に、商工業者の利益を求めることを目的とするのであれば、既成政党を頼みにすればよかった。しかし、この実業同志会は既成政党とは理想が異なり、既成政党と政商的企業家の癒着により生じた政治腐敗の問題を改めることを目的としていた。さらにこれまでの議会では、実業家の議員は極めて少数であり、大日本実業組合連合会時代から要求してきた税制整理の問題などが貫徹されることは、むずかしい状況であった。そこで、こうした営業に関する経済問題を解決するために、多くの実業家の代表が議政壇上に立ち、発言をする必要があるため、政党結成にいたったのである。

この実業同志会の政界革新を、同様の目的意識を持って支援した実業家として、当時、東京海上火災株式会社専務取締役であった平生釟三郎（一八六六―一九四五）がいた。河合哲雄『平生釟三郎』（一九五二年）によると、平生は利権の獲得を目的とする一派と純正派とに政友会を分裂させた上で、純正派と実業同志会を合同させようと考えた。彼がこの純正派の代表人物としてあげたのは、一九二四年一月に政友本党を組織した床次竹二郎《とこなみたけじろう》であった。

ところで、大日本実業組合連合会や実業同志会は、主に武藤らの大紡績資本と中小商工業者が結集した団体であった。その構成員が、政治に保護を求めずに自由主義的な要求を行えた理由は、信夫清三郎『大正デモクラシー史 Ⅲ』(一九五九年)によると、次のとおりであった。

武藤らの大紡績資本の場合は、国家の特恵的な保護政策から独立して発達してきた。そして中小商工業者の場合は、ほとんど国家の保護政策から除外されていた。そこで、双方とも自由な蓄積を求めて国家の機構と政策の改革を要求したのであった。

また、実業同志会のような自由主義的な政党が、特に関西で出現した理由については、武藤や同志会との関係が深い杉道助(八木商店社長、大阪商工会議所会頭、日本貿易振興機構の前身にあたる海外市場調査会の理事長などをつとめた)が後年、次のように述べている。

当時は経済の中心が大阪にあり、またそれだけの実力を持っていた。そこで、商売のことはまったく業界の自治に任されていた。実際に、第一次大戦後の不況に際して、繊維業界では、紡績会社、問屋、そして機屋の間で債務の切捨て(=一九二〇年の総解合い)が行われ、先物取引により生じた問題を克服した。さらに、このような自治の精神から、大阪の実業人の間には、政府の介入をきらう精神があったためだとする。

次に、大紡績資本の立場にある武藤が、政治革新のために中小商工業者との関係を強めた理由については、千葉三郎が「実業同志会の前奏曲」(『公民講座――武藤山治氏追悼号――』一九三四年)で触れている。いわく、上流の実業家は腐敗しており、一般の国民に対し呼びかけるには時期尚早であると武藤が判断したからであった。そこで、まず中堅実業家を糾合することを考え、他方、中小商工業者は、武藤が中心となって営業税全廃運動を進めたことを支持した。かくして、大紡績資本の武藤が中小商工業者を糾合して、政界革新と経済的自由主義を要求の中心に掲げた政党が結成された。しかしながら、この政党は関西、特に大阪を中心地盤として結成されたからこそ、政府に対して自由主義的な要求ができた。その一方で、実業同志会の党勢を全国に拡大することには困難がともなった。

武藤の政治活動に対する関与の動機

さらに武藤自身が政界活動に進出した動機として、福沢精神の継承という観点があった。武藤は『私の身の上話』（一九三四年）で次のように述べている。

思うに福沢先生の御意は先ずかくて塾生をして身を実業界に投ぜしめ、各自産をなさしめたる上、政治のために大いに尽くさしめようとの御心であったに相違ありません。若し福沢先生が今日猶此世においでになったら近時の政党政治の弊害に対し、如何に強く国民に向かって覚醒を叫ばれたであろう。従って夙に三田出身の実業界に於ける成功者に向かっても、必ずや政界革新に協力すべき号令を下されて居たに違いありません。

武藤自身は当初、代議士として立つ意志はなく、一人でも多くの同志を議会に送るための後援をし、同時に国民の覚醒運動に全力をあげるつもりであった。しかし、一九二三年五月二二日、全国の商業会議所の代表者が集まる会で、大日本麦酒の馬越恭平から、「人に代議士候補者になることをすすめながら、自分は出馬しないという理由はない」と督励されたいきさつ等があって、彼も選挙で争わなければならないと考えるようになった。

さて、かつての武藤らの活動は、実業家の立場で政治に要求する形にとどまっていたが、今後は政治家として、選挙活動や議員活動を行わなければならなくなった。その際に生じた課題を、次にあげる実業同志会の特色に即してみていきたい。

①大紡績資本の鐘紡を経営していた武藤が主導して結成された政党であったこと
②関西の大紡績資本と中小商工業者が結成母体であったこと
③都市商工業者の自由主義的な政党であったこと
④武藤は政界革新を目標として掲げ、実業同志会を結成したこと

武藤に負うところが大きい点

実業同志会は、①大紡績資本の経営者である武藤が主導し結成した政党であった。したがって、彼が中心人物である以上、選挙に際しては、多くの資金援助も行った。同志会にとって最初の選挙となった一九二四年五月の衆議院議員総選挙で彼は、百万円という巨額の資金を同志会のため

に投じたといわれた。

武藤は一九二四年一月の株主総会時から社長として二期目に入ったが、事前の株主の回答は、彼の社長再任を承認した者が四二二八通（二二万八七七五株）、反対が一二三通（四五三六株）であった。そして彼は、この株主総会の際、社長の職につきながら、政治活動を行っていくことへの承認も得た。さらに彼は、政治は職業であるという観念の誤りについて語り、むしろ彼が大会社の社長の職にありながら政治に関係することで、多くの実業家が政治に関心を持つように覚醒したいとした。

そして武藤は、選挙後の『大阪毎日新聞』（一九二四年五月二二日）で、「当選と共に私が鐘紡の社長をやめるように伝えられましたが、政治の国民化を主張して起った私としてはやめません。国民の悉くが職業の如何を問わず政治に参与することが主眼なのですから、私は立派に社長としての任務を株主に果たすのみでなく、国民としても十分に国家に尽くして見せる積もりでおります」と述べている。しかし、彼が鐘紡の社長として在籍し続けるということは、彼の政治活動の影響が鐘紡に及ぶ可能性があることも同時に意味した。

また武藤らは、選挙運動に際して新たに選挙地盤を築いていかなければならなかった。この頃、一人あたりの選挙資金が平均して五万円といわれた中、実業同志会のそれは一五万円にのぼった。そして選挙後には、選挙運動員に対して報酬を支払ったことにかかわる選挙違反事件がおこり、協力者であった鐘紡の経営首脳陣にまで容疑が及んだ。

当時の選挙法では、戸別訪問は自由であったが、選挙運動員に対しては実費と一食五〇銭までの弁当が支給できるほか、報酬などは禁じられていた。しかし、実業同志会内では選挙法を把握せず、手伝った店員に、出勤日数に応じて日当や賞与を支払ったり、戸別訪問の運動員にモーニングまで新調したりすることがあった。それは、人をタダで使わないという、いかにも商売人らしい考え方や動機にもとづく違反であった。

さらに選挙事務を担当した綿糸商の八木与三郎が、これらの選挙費用を逐一記入していた書類を警察に提出した上、彼の生真面目さから洗いざらい供述したため、選挙委員長の高津久右衛門、藤本清兵衛（藤本ビルブローカー創業者）、三宅郷太（鐘紡取締役）等、多数の経営者に類が及んだ。なお、鐘紡役員の肩書きを持つ三宅の名前はあったが、公私にきびしい武藤は、鐘紡の一般の従業員を一切使わないように戒めていた。

もちろん、この金権選挙については、金と利権を提供しなければ選挙権を行使しない国民にも問題があった。しかし、実業同志会の目的は政界革新にあり、金権選挙と選挙違反に対する批判を免れることはできなかった。

この選挙の結果、実業同志会は八議席を獲得したが、この議席の少なさにも課題が残った。当時の議会制度のもとで、八名では交渉団体の資格がなく、委員の割当てもなかった。したがって、実業同志会の主たる目的が政界革新にあり、政権を獲得するためではなかったとしても、議会内部における影響力は半減された。のちに武藤らは、交渉団体の資格を得るために、他の小政党とともに制度の改革を行ったが、数の面における議会への影響力には課題が残された。

業界間や地域内外における利害関係

実業同志会は、②関西の大紡績資本と中小商工業者を結成母体とした政党であった。そこで、大紡績資本の鐘紡の経営者であった武藤は、中小商工業者との関係の中での限界も持った。

その例として、大日本実業組合連合会で副委員長をつとめた外海銕次郎ら、メリヤス業者との対立があげられる。彼らは綿糸関税の撤廃を唱え、武藤にもせまった。武藤も保護貿易は物価上昇を招き、生産技術の進歩を妨げ、さらに、実業界が政治に依存することから、政治腐敗を助長するものとしてそれに反対した。つまり彼は、自由貿易主義に賛成する立場にはあったが、産業界全体が保護主義から自由主義に改めず、綿糸関税のみを全廃するのは極めて不公平であるとして、外海らメリヤス業者の意見を聞き入れなかった。

そして、この政党の基盤を関西以外に拡大する際にも、いくつかの限界を持った。

大阪の中小商工業者の間にも、実業家が政治活動を行う事に対する疑問の声があがり、大日本実業組合連合会時代にともに営業税全廃運動を行った大阪実業組合連合会は、実業同志会の結成時に離反した。また、当時の大阪の商工業者の中には、政治の介入を嫌う向きがあったことを先に述べたが、党勢を拡大するための一拠点とした東京では、政府や政党関係者の眼が光っていた。

しかも東京の実業家の間にも、大阪実業組合連合会の場合と同様に、政治団体に加盟することには躊躇する姿勢がみられた。このような理由により、実業同志会から入会を呼びかけられた東京実業組合連合会は、会としての参加を拒んだ。

そのような状況下ではあったが、一九二三年六月に関東本部が東京に置かれた時点では、三千名余りの会員と一五〇組合の参加をみた。しかし、この関東本部の管轄内から当選した議員の数は、この一九二四年、二八年、そして三〇年の衆議院議員総選挙でそれぞれ一人に過ぎず、しかも東京からは、結局、当選議員を出せなかった。

商工党という枠と自由主義にもとづく普通選挙に対する考え

そして実業同志会は、③都市商工業者を中心に構成された自由主義を標榜するいわゆる商工党であった。しかし、このような商工党という枠では、国民全体を政界革新の目標のために結集することは難しかった。その限界は、一九二九年に国民同志会と改称したことに示された。

実業同志会は、政策の中で地租の廃止に賛成した。そして、同志会は経済的自由主義にもとづく要求のみならず、労働者を救済するための社会政策の実施も唱えた。また、普通選挙の問題についても触れ、国民の思想上の問題から実施時期を定めることと、官民ともにその準備に着手することを述べ、農民や労働者を念頭に置いた政策も示した。

その普選問題に対して武藤は、賛成しつつも時期尚早論を唱えており、それに先立って政治教育の必要を訴えた。そこで彼は、文部行政についての改革を唱え、実際に実業同志会の活動の一環として政治教育を行った。さらに彼は、この政治教育のために、評論活動や演説活動を行うとともに、会の機関新聞や雑誌、それに漫画・映画、演劇、レコード等も利用して啓蒙活動にあたった。

しかし、実業同志会の政界革新については、もし、全国民の公利公益のためにおこす運動であることを社会全体に理解させるとすれば、普通選挙の実施に賛成なる旨を明らかに宣言することが求められた。そのような意味において、実業同志会は、商工業者としての経済的自由主義において強く、一般国民に対する政治的自由主義において弱い（信夫清三郎『大正デモクラシー史Ⅲ』一九五九年）一面があった。

既成政党との関係

さらに、④実業同志会を主導する武藤は、政界革新の目標を掲げて政界に進出した。そして彼は、政治腐敗の原因を既成政党と政商的企業家の癒着に見出し、既成政党を批判の対象とした。そのため、実業同志会は既成政党から報復を受けた。

先に触れた東京海上火災の平生釟三郎も、この実業同志会と既成政党の対立関係に悩んだ一人であった。彼は同僚の各務《かがみ》謙吉（当時、平生とともに専務取締役）から、次のような理由により同志会への支持を反対された。それは、同志会を敵視する政友会から公敵とみなされ、東京海上の事業を妨害される可能性があるためであった。

武藤も、議会で直接的に既成政党の攻撃を受ける。彼は、総選挙後の第四九特別議会で「議院法中改正法律案」を提出した。この法案の趣旨は、議会の会期が三カ月に限られている中で議案件数が数百に及ぶことから、議院法を改正して、議会閉会中も継続委員を設けて審議を徹底させようというものであった。一九二四年七月一二日にこの法案の趣旨説明を行った際、彼は「我国の政界に於きまして最も能率の悪い政治機関は何であるかと問はれたなら遺憾ながら我帝国議会だと答へざるを得ない」と発言したところ、議会への侮辱とみなした憲政会、政友会、そして革新倶楽部の護憲三派が、武藤を懲罰委員会に付した。

そして武藤は懲罰に付されたが、このことは世論を喚起し、各新聞とも彼への扱いに対する否を力説した。なお、『大阪朝日新聞』（一九二四年七月一三日）によると、この既成政党の攻撃は、同志会による選挙費用の相場釣上げに悩まされた鬱憤をはらすためや、同志会への反撃のためになされたものとされた。

このように武藤は、実業同志会の結成当初から、政界革新の理想と彼の直面した様々な現実の狭間に立たされることになる。

2　実業同志会・国民同志会の活動と政実協定

一九二四年の選挙活動と議会活動

実業同志会は、一九二四年五月、二八年二月、三〇年二月の三度にわたって衆議院議員総選挙に臨んだ。二四年の総選挙では、三一名の候補者を立て八名が当選、二八年は二八名中、一七万二千余りの投票数を得て四名が当選、そして、三〇年は一二名中、一二万余りの投票数を得て六名が当選した。

一九二四年五月の総選挙時の主な公約は、国費の三億円減、営業税をはじめとする各種の税に対する軽減や廃止、国家の保護下にある特殊銀行及び特殊会社の制度改革、労働者救済や廃兵の優遇ほかの社会政策の実施などであった。全国で三一名の候補者を立てて八名当選したほか、公認の中立者三名も当選した。その八名の当選者の氏名及び立候補地は次のとおりであった。

田中譲（大阪市東区）、前野芳造（同市西区）、武藤山治（同市南区）、鷲野米太郎（京都市上京区）、森田金蔵（神戸市）、河崎助太郎（岐阜市）、古林喜代太（久留米市）、小林弥七（高崎市）。

実業同志会は、関西の大紡績資本と中小商工業者を主な結成母体としたが、その地域性や特色を、この顔触れの中にもうかがうことができた。

一九二四年六月七日に清浦奎吾内閣が総辞職し、加藤高明を首班とする護憲三派内閣が一一日に成立し、二八日から七月一九日まで第四九特別議会が開かれた。

七月二日、この議会における武藤は、浜口雄幸蔵相に対して、行財政整理・緊縮に対する具体的政策、公債政策、金解禁問題、政府の会計組織、軍縮剰余金問題、貨幣改鋳益金の使途、大蔵省預金部制度の改革、特殊銀行の改廃、会計検査院の機能、統計事務の統一、電信・電話の経営の効率などに関する質問と意見を述べた。これに対して浜口蔵相も丁寧に答弁し、この経済論戦は大変評判になるとともに、のちに帝国議会に経済の空気を注入したのは武藤であったとされた。さらに、先に触れた武藤が議会の能率の悪さに対する発言をしたことで、懲罰に付されたのもこの議会で、『東京朝日新聞』一九二四年七月一九日付けの「第四九議会を顧みて」という社説では、彼以上の内容を有する言論を発表した議員があるや否やと論じた。

そして、一九二六年一二月よりはじまった第五二議会では、特に翌二七年三月に片岡直温蔵相との間に震災手形問題をめぐる論争を交わし、この月には金融恐慌もおこった。

一九二八年の選挙と政実協定

金融恐慌の収拾のため、一九二七年四月二〇日に組閣された田中義一政友会内閣は、野党の議席数の方が優越しており、同年一二月に開会された第五四通常議会を乗り切ることが困難であった。そこで、年末年始による休会が明けた一月二一日に議会を解散し、日本初の普通選挙となった第一六回衆議院議員総選挙が、二八年二月二〇日に実施された。実業同志会は二八名の候補者を立て、二〇名程度の当選を目標としていたが、結果は武藤のほか、河崎助太郎（岐阜県第一区）、松井文太郎（福井県全区）、そして千葉三郎（千葉県第三区）の四名の当選にとどまった。このように数の面で惨敗に帰し、さらに松井は立憲民政党に移った。しかし、この選挙の結果、議員数は立憲政友会二一七、立憲民政党二一六と僅差になり、実業同志会はキャスティング・ボートを握ることとなった。

武藤は当初、民政党との協定を模索したが、政策本位で協定実現につとめようとした結果、政友会と協定を結ぶにいたった。なお、鐘紡は「三井家が大株主という丈けで独立の会社」であると武藤はいうが、三井の傍系会社と位置づけられることから、産業資本の立場を比較的擁護したとされる政友会と武藤の実業同志会が協定を結んだと取るむきもある。しかし、ここでは彼の信条として、あくまで自党の政策実現の可能性から、いわゆる政実協定を四月八日に結んだ。

とはいえ武藤としては、政友会よりもやはり民政党との協定の方を望んでいた。彼は三月七日の民政党との間の会見が物別れになった理由として、同党からの交渉内容は、単に国費の節約や国民の税負担の軽減といった主義が両党とも一致しているので、内閣不信任案に賛成して欲しいというようなものであり、具体的な政策協定に踏み込んだ会談にならなかったからであった。

なお、政実協定の内容としては、①地租及び営業収益税を一九三一年度より国税から地方税に委譲するといういわゆる両税委譲と、その移行期と実施後の税負担の軽減、②下級軍人の待遇の改善、戦死者遺族・廃兵及び傷病者の救済、恩給の増額などを目的とした、いわば以前に武藤が制定に関与した軍事救護法の拡充、③老人、不具者、病者などの救済を目的とした救護法の制定、などがその中心をなした。そして、これらの三項目について、勅令の発布によって施行できるもののほかは、法律案を通常議会に提出することが取り決められた。

ところで、この政実協定の成立過程と結果についての世論をみると、その多くは武藤に対して批判的であった。例えば『大阪朝日新聞』の社説（一九二八年三月二一日）では、実業同志会は結党の精神に立ち帰って既成政党の打破を貫くべきで、それらに妥協するべきではない、また、武藤は超然として政治家の教育者に任じていた方が良いと評した。

他方、政実協定に対して支持するものもいくつかあった。その一例として、「政、実の政策協定——政界の好新例——」と題した『東洋経済新報』（一九二八年四月二八日号）の論説があった。そこでは、そもそも議会とは、少数党の主張も受け入れながら、与野党が政策を討論し決定していく場であるとした上で、①政実協定は政策の一致によってできたものであり、「暗処の密合」により決められたものではないこと、②政策協定のあり方の手本を示し、政治道徳を進歩させたといえること、③協定結果を公表して国民の批判を求めていること、などが述べられた。

そして、武藤自身についての言及もあり、④彼は人格的に理想主義的で、また非妥協的と評されているが、空論を述べているのではなく、理想現実の機会をつくったとし、また⑤数の面でこの協定が、決して政友会にとって安泰の位置に引き上げられるものではなかったにもかかわらず、それでも彼は位負けせず、悠然と折衝したとも評した。そして、政界全体への影響として、⑥両税委譲をこの協定によって明確化したことにより、政界内で依然混沌としている地方分権論の是非が二分されて、政策として争える端緒をつくったとした。

実業同志会は少数政党であったので、この政実協定を成立させるに際しても、政友会自体や、それを取り囲む政局に左右される限界を有していた。それでも政策本位を信条とし、政策実現の機会に対して現実的な行動を示し、また、政治問題に対する議論を活性化させる原動力にもなりえたのであった。

3　救護法の制定

武藤の労務管理思想と救護法

第五六通常議会（一九二八年一二月二六日―二九年三月二五日）の衆議院・貴族院の審議通過によって一九二九年四月二日に公布された救護法は、政実協定の一項目として掲げられたものであり、その制定に際しての政治的功績は、武藤の率いる実業同志会の議会活動に負うところが大きかった。

柴田敬次郎『救護法実施促進運動史』（一九四〇年）は、武藤は軍事救護法の制定において、民間にあってこの法の制定を主唱して、成立に力を尽くした人物であったので、「救護法の制定に就いても心より賛意を表し、その成立に非常なる力を尽くしたのであった」としている。さらに、「武藤山治氏の一党であった国民同志会は、衆議院に於て本運動と相呼応して政府を追究してくれられた」とし、武藤は渋沢栄一などとともに、法の制定に功績のあった人物の一人であったとされている。

また、救護法実施の必要性については、一九二三年四月の実業同志会結成当初の武藤の考えをまとめた政策の中にも、「傷病廃疾及び老衰者の救済制度を完全にすること」が、社会政策の一項目として掲げられており、各社会事業団体や内務省社会局の同法の制定に対する動向と照らし合わせてみても、着眼の時期が比較的早かった。

ところで、この救護法のような社会政策実施の必要性を武藤が考えるにいたった理由は、第一次世界大戦の頃から日本でも高揚してきた労働問題に対し、経営者であった彼が危機意識を持ったからであった。すなわち、生活不安も労働問題高揚の原因と、彼は考えたのであった。

さらに、武藤にこのような社会政策実施を考えさせるにいたった動機を彼の事績にみると、すでに紹介したように、第一回国際労働会議に出席したことが大きかった。

第五六議会における審議

議会における救護法制定に向けての政治的貢献は、武藤ら実業同志会の活動に負うところが大きかった。一方、院外では、渋沢栄一が会長をつとめる中央社会事業協会をはじめとする各種社会事業関係団体や方面委員の運動、そして内務省社会局の働きかけなども法律制定への動きに拍車をかけた。

救護法の内容について、一九二九年三月一六日に衆議院に上程された際の望月圭介内相の趣旨説明に沿ってまとめると次のとおりであった。

望月内相は、現行の救貧制度として一八七四年に制度化された恤救規則などがあるが、内容の不備によって今日の実情に適さなくなってきているので、この救護法案を提出するにいたったとした。そして、法案の骨子として（1）救済の対象は、①六五歳以上の老衰者、②一三歳以下の幼者、③妊産婦、④不具廃疾、疾病、傷痍などにより労働をなすに著しく支障がある者で、かつ、それらの者が貧困のために生活ができない場合に限った（第一条）。（2）救済機関は市町村（第三条）で、救護費の負担も市町村が（四分の一程度）行い（第一九条ほか）、さらに国庫から救護費全体の二分の一以内、道府県から四分の一が負担された（第二五条）。また、（3）救護方法として、居宅救護と収容救護があった（第一一・一三条）が、家族制度を尊重して居宅救護を原則とした。（4）救済の種類は、①生活扶助、②医療、③助産、④生業扶助の四種類（第一〇条）で、その内①生活扶助と②医療が中心となり、さらに、被救護者の死亡に際しては埋葬料の支給（第一七条）もなされた。さらに（5）法案の目的は、国民の生活不安と思想の動揺を防止することにあり、家族制度と隣保扶助の淳風美俗を尊重することを旨とするが、それが及ばない際に補うような形で、この法を運用したいとする考えが述べられた。なお、ここで家族制度と隣保扶助の淳風美俗を尊重する理由としては、財政負担を軽減したいとする意図もあった。

鐘紡における救済制度との共通点

救護法案は、イギリスの「改正救貧法」（一八三四年）と「救貧院条例」（一九一三年）、フランスの「施療救助法」（一八九三年）と「老衰者、不具者及び廃疾者義務的救助法」（一九〇五年）、そしてドイツの「救助義務令」と「公的救助の条件方法及び深度に関する国の規定」（ともに一九二四年）を参考にしながら政府が立案したものであった。しかし、武藤の鐘紡における従業員に対する救済制度の特色と、先項にみた法案のそれとには多くの共通点がみられた。

鐘紡の共済組合制度や、それとは別になされた企業側からの従業員に対する待遇制度と比べ、（1）の救済の対象は、年金の支給から高齢者が、そして妊産婦、傷病者などであり、（4）の救済の種類についても、鐘紡の救済制度には、救護法中の各種の扶助に匹敵するものから、さらに、葬式料や遺族扶助までが支給された。そして、（5）の目的部分に関連して、鐘紡の「温情主義」的施策の多くが、欧米の企業の制度を鐘紡や日本の実情に適するように再編されたものであったが、この救護法も、イギリスやドイツなどの救貧法を参考にして、当時の日本の家族制度や財政状態などを考慮して、国情に合うように再編されたものであった。

また、鐘紡の「温情主義」的施策は慈恵的で、労働者の権利意識に対する認識が弱かったが、この救護法もいわば国から被救護者に対して恩恵として与えられたものであり、被救護者の権利に対する認識が弱い点において共通した。そして鐘紡における救済機関として、救済委員が被救済者と企業との間に立ったが、救護法においては、被救護者と市町村との間に方面委員が立って、救護委員としての活動にあたった。

このように、鐘紡の「温情主義」とこの救護法との間には、制度面や思想面においての共通点が多いことからも、この救護法の制定は、まさに武藤の鐘紡における労務管理上の経営理念の政治的実現として位置づけられるであろう。ただしこの制定は、経営者である彼にとって、決して鐘紡の従業員を同法に対して依存させようとするものではなかった。それよりも企業内で、従業員の救済を制度的に行っている独立した立場にありながら、国が行うべき救護を、義務として果たさせるために政治的に働きかけたものであった。よって、武藤の救護法制定への政治的関与は、救済問題や労働問題に詳しい彼ゆえに行い得たともいえ、また、労働者あるいは生活弱者に対する経営者としての社会的責任を政治的に実践したものといえよう。

審議過程と救護法の公布

救護法に関する議会における審議では、衆議院の委員会で一九三〇年度より実施することを一九二九年三月一八日に付帯決議したのちに同院本会議を通過し、貴族院の審議も三月二三日に通過して同法は公布されるにいたった。

両院における審議過程では、法の制定には概ね賛成であったが、財源、具体的な実施日時、救済範囲の不備などの問題についての質問や意見が出た。

例えば、三月一六日の衆議院本会議で松田竹千代（ニューヨーク市で日本人職業紹介所を創業し、日本初の隣保事業である柏木有隣園理事をした経歴を持つ）は、会議の冒頭ではなく、その終了間際にこの法案が提出されたことで、一般予算に救護費用が組み入れられなかったと発言した。さらに松田は、極貧者を出す原因の一つとして失業があげられるが、それに対応するものとしては職業紹介所しかなく、本法案における救済の対象を失業者にまで、具体的に拡大する必要があるのではないかと述べ、市町村の負担の大きさと、そこから生じる救護回避の問題が生じるのではないかとする質問もした。この質問に、内務省社会局長官をつとめた長岡隆一郎政府委員は、市町村を救済機関にすることで濫給の防止ができるとした。

一方、内ヶ崎作三郎も、政実協定の中で武藤は、高額所得者に対する所得税の税率引き上げなどを財源として提唱しているが、実際上、政府は何を財源として充てるつもりなのかという質問をした。しかし、政府側の財源に対する明確な回答はなく、両院の審議の中では、具体的な実施日時の提示もなされずに第五六議会は終わった。

そして、議会終了後の七月二日に田中内閣に代わって浜口雄幸民政党内閣が組閣され、一二月二六日から衆議院が解散される翌三〇年一月二一日まで第五七通常議会を、続いて第一七回衆議院議員総選挙をはさんで、四月二三日から五月一四日まで第五八特別議会をそれぞれ経たが、結局、財源が捻出されなかったため、一九三〇年度に救護法は実施されなかった。

なお、第一七回総選挙の結果は民政党の圧勝に終わり、その党派別議員数は、立憲民政党二七

三、立憲政友会一七四、国民同志会六、革新党三、社会民衆党二、日本大衆党二、労農党一、無所属五であった。また、国民同志会からは一二名が立候補し、武藤（大阪府第二区）のほか、森本一雄（大阪府第四区）、鷲野米太郎（京都府第一区）、八木幸吉（兵庫県第三区）、堀部久太郎（滋賀県全区）、中田騄郎（静岡県第一区）の計六名が当選した。なお、前議員であった河崎と千葉は立候補せず、武藤は三度目の当選、鷲野は前回の選挙において次点で落選した後の二度目の当選で、そのほかの者は初当選であった。

この第五八議会中に、四月二四日に武藤を提出者として、救護法施行の勅令を速やかに発布するとともに、本議会において予算を上程させるための決議案を提出したが、審議未了となった。そこで、救護法の予算と施行をめぐって、第五九議会の審議の中に討論の場を持つこととなった。

第五九議会における審議

一九三〇年一二月二六日から翌三一年三月二八日まで開かれた第五九通常議会で国民同志会は、一月二八日、以前の政実協定の関係から望月圭介元内相を提出者とする政友会との共同提案の形で、救護法の実施予算を計上すべしという趣旨の決議案を提出した。さらに国民同志会選出の中田騄郎は、二月一四日に議事進行発言の中で、この決議案の上程を議長に要求した。

そして一九日には、武藤がこの決議案の上程を要求し、さらに安達謙蔵内相と井上準之助蔵相に対して質問もした。安達内相には、僅か総額年四〇〇万円程度のものでありながら、救護法が一九三〇年度中に施行されず、さらに三一年度の実施も危ぶまれるということはないはずだとして、どのような考えを持っているのかと尋ねた。そして井上蔵相に対しては、当時は昭和恐慌のさなかにあったが、蔵相は失業対策として、その財源の三千万円程度の額を、公債の募集によって賄うことに合意しているとした上で、なぜ失業者と同等、あるいはそれ以下の立場にある人々を救護する財源を、とりあえず本年度だけでも公債に求められないのかと尋ねた。その上で、翌三二年度から一般財源によって賄えば、民政党の唱える非募債主義にも決して反しないのではないかと述べた。

この武藤の発言に対して藤沢幾之輔議長は、決議案の上程を急ぐためには、緊急上程の手続きを取るようにという答弁をした。そこで同日、同志会選出の森本一雄が、同決議案の緊急上程の動議を提出したが否決された。

ところで、院外の状況についても触れると、一九二八年一二月の第五六議会の開会前後から、社会事業関係者や方面委員などによる救護法実施促進運動が行われていた。そして、それらの者が集まり、救護法実施期成同盟会が三〇年一月に結成されていたが、依然、第五九議会において財源が捻出されない中で、ついに同会は解散を決意し、三一年二月一六日に、全国約二万名の方面委員代表者一六名の名義で、牧野伸顕内大臣に対して上奏のための請願書を提出するまでにいたった。

また貴族院本会議では、二月二〇日に大谷尊由が救護法の実施をせまり、実施日時について質問した。さらに財源の捻出方法として、競馬法の改正が有力視されてきている中、そのような財源は道徳上好ましくないにしても、仮に同法の改正により財源を捻出できなかった場合には、救護法は実施しないのかとも尋ねた。この質問に対して、安達内相は、三二年の一月から三月の間に救護法を実施する意向であるとした上で、財源については明確な回答ができないが、競馬法の改正については、ヨーロッパでこのような財源を社会事業にあてることは普通であるから悪いとはいえないと述べた。

衆議院本会議の審議にもどると、二月二四日に同志会選出の八木幸吉が、一九日の武藤の政府に対する質問の回答がないとした上で、一九三一年度における内閣の明確な救護法の実施意志の有無を尋ねた。それに対して安達内相は、追加予算を計上した上で実施することを確答した。

救護法の施行

こうして三月に入ると、結局、競馬法の改正により財源が捻出され、一九三二年一月一日より救護法は施行された。このことにより、概ね一九三九年一〇月の改定まで、居宅救護の①生活扶助、一人一日二五銭以内、一世帯一日一円以内、②助産費一〇円以内、③生業扶助一人三〇円以内、④埋葬費一〇円以内の支給が、地方長官の定めにしたがってなされた。そして、被救護者の人数及び救護費の支給は、一九三一年度の恤救規則下では約三万人、六二万円余りであったものが、一九三二年度には救護法の施行にともない一六万三千人余り、約三六五万円となった。

なお、一九三二年度にみる実施実績の内訳は以下のとおりである。(1)救済種類別では、人数・金額ともに①生活扶助が約八割を占め、②医療、③助産、④生業扶助の順で、埋葬を含めると②と③の間となった。(2)救済対象別でみると、人数・金額ともに①一三歳以下の幼者が約三割で最も多く、続いて②六五歳以上の老衰者、③疾病傷病者などが多く、以下④不具廃疾者、⑤精神薄弱又は身体虚弱者(金額では④より多い)、⑥妊産婦、⑦幼者哺育の母の順であった。なお、埋葬を含めると⑤と⑥の間となった。(3)支出総額に占める救護費負担額の内訳については、①国費負担額が約二分の一、②道府県費負担額が約四分の一、③市町村費負担額が約四分の一の順であった。

このように、救護法の実施により生活弱者に対する救済が拡充され、その実施の意義は大きかった。しかし、国の恩恵的措置という色彩も強く、また財政上の困難性もあったため、この時点で実際に救済されたものは三分の一に過ぎなかったとする指摘もある。よって、年を経るごとに、被救済者数や救護費の総額は伸び続けた。

ところで、国の社会政策的施策として、救護法よりも軍事救護法の制定時期や拡充の方が早かった。これについては、先にみた一九二九年三月一六日の救護法制定に向けての衆議院本会議の審議の中で、軍事救護法は国家に功労がある遺家族に対する救護法であるためとする発言が、長岡政府委員からなされている。つまり、軍人救護の問題の方が、労働問題などの思想的動揺よりも歴史的に早かったことや、国家の政策によりかなっていたことによるのであろう。

4　石橋湛山の武藤観

武藤は衆議院議員としての活動の中で、救護法の制定のみならず、震災手形の取扱いや金解禁といった経済問題に関しても、果敢に論戦に臨んだ。ここでは、石橋湛山（一八八四―一九七三）の彼に対する考えを中心にみていく。

震災手形問題観

震災手形とは、一九二三年九月一日におこった関東大震災のために支払いができなくなった手形のことで、震災の翌日組閣された第二次山本権兵衛内閣（一九二四年一月まで）の井上準之助蔵相が対応した。九月七日に債務の支払いを一カ月間猶予する「支払猶予令」を発布したのに続いて、九月二七日には「日本銀行震災手形割引損失補償令」を発布し、一九二五年九月三〇日を決済期限として日本銀行が震災手形の再割引に応じ、同行が損失を被った場合は、一億円を限度として政府が補償する措置がとられた。

しかし、震災手形として日銀により再割引されたものの中には、第一次世界大戦以降の不良貸付や放漫経営にともなう不良手形も多く含まれており、一九二四年三月末現在で四億三千万円余りに達した上、一九二六年末においても二億七百万円残っていた。そこで、一九二五年三月末と一九二六年三月末に、それぞれ一年間決済期限を延長する法律が公布され、一九二七年九月三〇日の決済期限を前に、震災手形関係二法案の審議がなされるにいたった。

この震災手形関係二法とは、それぞれ一九二七年三月三〇日に施行された震災手形善後処理法と震災手形損失補償公債法を指し、前者は日本銀行震災手形割引損失補償令にもとづき、日本銀行が割り引いた手形を所有する銀行に対して、二億七百万円を限度として国債を貸し付け、一〇年割賦で返済を行うとするもの、後者は日本銀行が震災手形の処理で被った損失について、一億円を限度として国債の形で政府が補償するというものであった。しかし、これらの法案をめぐる論争から金融不安が高まり、金融恐慌が発生するにいたった。

東洋経済新報時代の石橋湛山は、「震災手形問題に現れたる両原理」(『東洋経済新報』一九二七年三月一二日号)と題する論説の中で、第五二議会の震災手形関係二法案をめぐる与野党間の論戦を、武藤に代表される絶対の個人主義・自由主義の立場と、片岡直温蔵相に代表される団体主義・社会連帯主義の立場の対立とみて、この論争については、片岡側の考えに同調する意見を展開した。

石橋がみるにこの論戦の争点は、震災手形善後処理法で救済されるものは比較的少数であるにもかかわらず、鈴木商店関連が約八千万円にものぼる点であった。さらに、武藤がこの法案について、「まるで人を助けるのが国家の義務であるようなことを仰せられる」と、政府の政商救済を批判する中で述べた言葉に重きを置いて、武藤の考えの核心は、各個人の事は各個人が始末するのが当然で、国家が各個人の事業を保護し、しかも政商に対して、そのようなことをするのはもってのほかとするものであるとした。そして、片岡の意見については、鈴木商店の救済は不都合であっても、これを救済しなければ財界は混乱し、多くの犠牲者が出るものとして、この両者の対立は、先にあげたような主義の相違にもとづくものと評した。

しかし石橋は、当時の社会の機構が到底絶対の個人主義・自由主義の適応を許し得ないものであるということを理由に、片岡の考えに同調せざるを得ないとした。その理由は、個人主義・自由主義は企業心を旺盛にさせる面があるが、産業の大規模化、学問の発達、貧富の拡大などの変化がみられる中で、社会は進化、または複雑化し、特に社会の中枢にあるものが支障をきたした場合には、それが社会全体に及ぶ。このような世の中にあっては、はじめから個人主義・自由主義の欠点であった個人の利害と社会の利害との背反は、アダム・スミス時代の見えざる手の摂理に任せられなくなる。そこで、団体主義・社会連帯主義の考えを、この震災手形問題にも部分的に適応しなければならないというのが石橋の見解であった。

とはいえ社会においては、各個人の過失を予防する工夫を講じる必要があり、この団体主義・社会連帯主義の考えは、損を社会が負うかわりに、利益も社会が取り上げるという形にしなければならなかった。そこで自由主義者は、個人の損は連帯で負い、利は個人で占めようとする考えを批判の対象とする。武藤はこの自由主義者の立場に立って、政商の個人の損は連帯で負い、利は個人で占めようとする考えに対して批判した。

さらに『東洋経済新報』における石橋は、この震災手形問題や金融恐慌に対する論説の中でも武藤について取り上げた。「震手法案可決の条件」（一九二七年三月一九日号）として、反対派の有力者である武藤を会長とするような公正な委員会を設けて、法案の実行についての権限を託すことを提唱し、「大恐慌遂に来る」（一九二七年四月二三日号）という論説では、実業同志会、政友会、それに枢密院の責任の重大性を指摘した。特に後者の論説の中では、無知なる世論の後援を受けながらの実業同志会と政友会の無謀な攻撃が、鈴木商店を潰し、台湾銀行を傷つけ、ほとんど該案通過の効能を無に帰したと強く批判した。この恐慌の到来は、彼らの所作が、いかなる重大な結果を財界にもたらすかを予見しなかった経済的知識の浅薄さにもとづくものであり、また法案だけではなく、若槻内閣が台湾銀行の救済のために立案した二億円補償の勅令にも反対した結果であるとした。

ところで、この「大恐慌遂に来る」の論説に対して武藤は、「古き歴史を有する東洋経済新報の為に惜む」（一九二七年五月七日号）という寄書を同誌に送った。そこでは、もともとの金融恐慌の原因とその責任の所在、そして政治家と政商との結託によりこの問題が生じ、さらに政友会と憲政会がこの病毒を隠蔽・蔓延させたことについて否認するのかと問いただした。それに対して石橋は、大恐慌は結果的に、財界の信用を破壊し、国民全体の生業を不安に陥れたが、何もこの政商の問題を廓清するために大恐慌を引きおこす必要はなく、またそれでは真の廓清はできないと信じる、という考えを述べた。

それでも武藤は、このような政治や言論の場における一連の論争の中で、経済問題の解決の先延ばしや、情報の不透明性の弊害について訴え続けたのであった。

武藤と石橋湛山

金輸出解禁は、一九三〇年一月一一日に井上準之助蔵相のもとで一ドル＝約二円という旧平価解禁、すなわち円高レートで行われた。武藤もかつて旧平価解禁論者であったが、石橋や高橋亀吉の見解を読むうちに、実勢を考慮した新平価解禁論者に変わった。中村隆英『昭和恐慌と経済政策』一九九四年（底本は同著『経済政策の運命』一九六七年）では、武藤の「浜口首相井上蔵相に望む」（『経済往来』一九二九年九月号）や「勢力の均衡と軍縮」（『経済往来』一九二九年一一月号）における言及（いずれも『武藤山治全集　第四巻』一九六四年、にも所収）に触れながら、そのような見解の変化が彼におこったのは、一九二九年八月頃であったと思われるとしている。また、「井上蔵相が就任以来鋭意努力した旧平価解禁は、嵐に際して戸を開け放つが如き政策である」という言葉は、武藤の自著『井上蔵相の錯覚――我々の不景気救治実策――』（一九三〇年）に記されたものである。

一九三四年の武藤の死去に際して石橋は、追悼文を『東洋経済新報』（一九三四年三月一七日、二四日、三一日号）と武藤の政治雑誌『公民講座――武藤山治氏追悼号――』（一九三四年五月号）に寄せた。

石橋が評するに、武藤は全く潔癖の人であり、また自信の強い人であった。そして、飽くまでも正義と信じる所に従い、一身の利害を外にし、社会悪に向かって断えず戦いを挑んで倦まなかった彼の奉公心と勇気には、たとえ彼と意見を異にする場合でも、常に敬意を表せざるを得ないところがあった。一九二二年の井上準之助日銀総裁の攻撃（井上がこのような立場にありながら、日本経済連盟会結成や特定企業の救済に関与したことを批判）や、一九二七年の財界救済反対（震災手形問題にかかわる論争）は、すべてこの社会悪と戦う意味であった。しかし、そのような長所の結果は、時として余りに非妥協的、あるいは破壊的と思わせる短所としてあらわれたとした。

なお、先の寄書「古き歴史を有する東洋経済新報の為に惜む」と同じ趣旨で、武藤が『東洋経済新報』に寄せた一文として、「昨年の財界の動揺は避け得られたか、又避けることは善かったか、悪かったか」（一九二八年一月二一日号）があった。この寄書は、井上日銀総裁が、議会における震災手形法案の取扱いの不謹慎さが金融恐慌の原因となったと、『経済往来』の一九二八年一月号に述べたのに対して反駁したものであった。そこにおける武藤は、財界の救済を行っても到底弥縫し切れず、また我が財界の将来と正義のためにもこれは弥縫しない方がよかった、という考えを述べた。さらにこの寄書では、第一次世界大戦終了直後の反動恐慌時に、井上が日銀総裁の立場として行った救済措置についての批判も述べ、その際に思い切った大手術を施していれば、今回の恐慌もおこらなかったとした。

武藤に対する石橋の評価

さらに石橋は、武藤の一九三四年三月の逝去時の『東洋経済新報』や『公民講座――武藤山治氏追悼号――』の中で、武藤に対する積極的な評価として、彼の鐘紡経営における業績、軍事救護法（一九一七年施行）の産みの親としての努力、一九二三年の日本銀行制度の改革案の発表、そして一九二六年に行財政改革の具体案として発表した『実業政治』等をあげた。特に『実業政治』については、もし行財政整理案を立てようとする場合には、将来においても必ず大きな参考となるべきものであるとした。

この『実業政治』は、第一　中央行政の改革、第二　地方及び殖民地行政の改革、第三　官業の整理、第四　国有財産の整理、第五　財政の整理、第六　恩給制度の改正、第七　吾々の整理により単純化されたる会計組織、第八　整理して得たる節約金の始末、第九　減税と歳入、第一〇　改革による退職者の特別手当て及びその影響を蒙むる地方の救済方法、第一一　金解禁、さらに附録として、「吾々が実行せんとする行政・財政整理の大要」と、「吾々の整理案により編成したる大正一五年度歳入歳出総予算概表」から構成されており、武藤は日本の政党の掲げる政策が抽象的であったことに飽き足らず、一九二四年のイギリス労働党内閣の成立の際に計画を発表したことをヒントに、常々から抱いていた行財政の整理に関する意見をここにまとめたのであった。

石橋は、武藤の鐘紡経営の成功と政界活動における挫折との関係について、彼の性格に着目して、おおむね次のように述べている。

武藤は鐘紡においても性急で、鐘紡は彼の独裁政治下にあると聞かされた。しかし、この独裁政治は鐘紡を成功に導いた。それはなぜかというと、彼は一八九四年という古いころから永年にわたって鐘紡の経営にあたり、その間に自己と異体同心の優秀な社員をつくり、それを自己の手足として、会社を渾然たる一家族の形に組織することができたからであった。そのように一社が一家族と同様な場合には、そこに首脳者が振るう独裁は必ずしも独裁ではなかった。独裁者の気持ちは取りも直さず社員の気持ちをいうように、その間に区別はないからである。

ところが、自分がつくったのではない社会全体を相手にする場合はそうはいかない。いかに善でも義でも、人は容易に共鳴してくれず、約束してくれない。殊にこれが日本においては甚だしい。したがって、広く社会を舞台として、政治でもそのほかの事でも、社会的にムーブメントをおこす場合には性急ではむずかしい。特別にその人が強大な権力を握り得る場合のほか、それがいかに立派な正しい闘士でも、社会の冷やかな無同情、無協同の犠牲に供せられてしまう。私は政治家として、あるいは社会教育家としての武藤氏はそれであったと思うとした。

さらに、遺憾ながら、氏の政治家社会教育家としての事業は、氏の抱負に甚だ遠い実績しか収め得なかった。氏の最も美しい憤激性一本気は、事功の上からいうと、氏の欠点を構成したように思う。氏は一九二九年に（金解禁の問題で）国民同志会の講演を依頼した際、「私も君ほどに若ければ大に仕事が出来るのだが」といわれた。氏は多少年齢なども考えられて、晩年の政治運動等では一層性急であられたのかもしれぬとも石橋は述べた。

石橋のみならず評価は二分するかもしれないが、武藤は果敢に議論する中で本質を見出し、信念を抱いたものに対しては妥協せず、意思決定が早く行動力もともなった。さらに、自身が思う正義と信念を貫こうとするので、当然、特に政治の場では多くの敵も生み、挫折も経験した。しかしながら、経営でも政治でも、閉塞感を打破し、革新を生み出していくためには、自由と創造的破壊が必要ともいえた。

第8章　時事新報社の経営再建と評論活動

1　時事新報社の経営再建

政界引退と国民会館の建設

一九三二年一月二一日に議会が解散されると、国民同志会を率いていた武藤は議員活動を中止し、その後は政治教育の普及にあたろうとした。そこで彼は、現在も政治教育の場として、大阪の大手前を拠点に活動を続けている国民会館の設立に着手した（建物の定礎式一九三二年一一月、一九三三年四月国民会館発足・同館会長就任、開館式一九三三年六月）。

ところで、政界引退前後の動向については、印刷業を営んでいた和田助一に武藤自身が語った記述がある（和田助一「先生の死の前」（『公民講座――武藤山治氏追悼号――』一九三四年）。

武藤が衆議院議員の時、本山彦一が社長をつとめていた大阪毎日新聞を引き受けてほしいという話があったが、同志会の仕事があり、すこしでも暇があったら美術を楽しんで静かに暮らしたいという望みもあったので、断った経緯があった。そして報知新聞をという話、犬養毅から衆議院選挙に立候補しないのであれば貴族院勅選議員にという話もあったが、これも断った。

さらに、この犬養との関係では、一九三一年一二月一三日にさかのぼるが、内閣を組閣する際、武藤を大蔵大臣にしたいとする意向を持っていた。折しも、浜口雄幸内閣（一九二九年七月二日—三一年四月一四日）、第二次若槻礼次郎内閣（一九三一年四月一四日—一二月一三日［一二月一一日より犬養内閣の組閣準備］）の両民政党内閣時の大蔵大臣は、武藤の論争相手であった井上準之助であり、その次代にというものであった。この件について武藤は、常々自分の考えていたことを実行できる機会として承知した。ところが政友会の立場として、単独内閣にしたいという意向を持っており、犬養は武藤に対して政友会に入党することを勧めたため、国民同志会を率いる立場から断ったのであった。

この武藤と犬養をめぐる逸話は、骨董商の斉藤利助の証言による（斉藤利助「趣味の人としての武藤さん」『婦人と生活——武藤山治氏追悼録——』一九三四年）。斉藤は犬養の組閣の際に犬養邸に詰め、神戸の住吉にいる武藤との連絡一切を受け持っていた。武藤に断られた犬養は、やむなく高橋是清を大蔵大臣に据えたが、高橋蔵相は臨時で、やがては武藤を蔵相にするつもりでいた。そのような中、一九三二年一月二一日の衆議院の解散、そして武藤の立候補中止、さらに貴族院勅選議員への打診の話等にいたった。

斉藤は、武藤は栄達のことなど眼中になく、心中ただこれ国家あるのみで、あんなに私欲の全然なかった人は実に珍しいと思うと記している。さらに、新聞のように広く人々に読まれるものを通じてこそ、自分の正しいと思うことを万人に知らすことができるという信念を持っていたともした。

時事新報社の再建依頼への対応

一九三二年二月のこととされているが、門野幾之進（一八五六―一九三八、千代田生命社長）、名取和作（一八七二―一九五九、朝吹英二の女婿、富士電機社長、鐘紡監査役）、そして福沢桃介（一八六八―一九三八、福沢諭吉の養子、娘婿）ら慶應義塾の関係者が武藤をたずねてきて、福沢諭吉により設立された時事新報社の再建を依頼した。門野は一九二八年より時事新報社の会長に、そして名取は一九三一年より時事新報社の社長に、それぞれ就任しており、福沢桃介も援助してきたいきさつがあった。

先の和田助一「先生の死の前」の記述では、門野らは武藤に対して、「君がやってくれなければもう潰すより他はない。それでは福沢先生の遺業を無くしてしまうので、先生に対して相済ぬ話である。そうかといって、誰もやる者がないのだから、是非、君が引き受けてもらいたいと頼んだ」とされる。

一八八二年三月よりはじまった新聞『時事新報』の刊行は、慶應義塾における教育とともに、福沢の二大事業の一つであった。また武藤は、福沢に対する思いはもちろんのこと、新聞にかかわる経歴、経営者としての経験、文筆経験、そして彼の社会正義感等でも最適任者といえた。

武藤は、時事新報社の話も断るべきと考えたが、福沢の遺業が絶えることを見過ごす訳にいかなかった。家族や鐘紡の津田信吾らも反対したが、自分の立場から考えた打算だけをもってこの問題を取り扱うべきではないと思った。彼の今日があるのは「全く福沢先生の賜物であるから、先生のために今日のすべてを失ってもかまわない、自分の力の限りを尽くしてご恩に報いなければならない」と考え、断然決心し、再び東京にやってきて引き受けると答えたのであった。

武藤は、血盟団員により一九三二年三月五日に暗殺された三井合名会社理事長団琢磨の五〇日祭に参列することも兼ねて上京し、四月二一日の追悼会に出席した。そして翌二二日、武藤は三井銀行の池田成彬と門野をたずね、続いて在京時の定宿としていた帝国ホテルで名取と会った。二三日には門野の家で、名取も交えて五時間にわたって話し合った。そして二四日には、ダイヤモンド社社長の石山賢吉や高橋亀吉と話し合い、大阪から八木幸吉が上京してきて、さらに夕方から時事新報社常務取締役の稲垣平太郎（のちに商工大臣）、編集局長の伊藤正徳ほかと会った。そして、二五日に武藤は、八木、武藤の秘書をつとめる田中久雄（実業同志会の活動に関与し、戦後は衆議院議員もつとめた）をともない時事新報社におもむいた。

なお武藤と団との間の逸話として、団は一九二二年の日本経済連盟会設立の際に直接武藤宅をたずね、勧誘した経緯があった。しかし、彼は武藤が断っても感情を害せず、その後も好意を示してくれ、ますます尊敬の念を抱くにいたったと、のちにも彼の生前を振り返った（「故団男爵を憶う」『時事新報』一九三四年三月六日〔夕刊〕）。

時事新報社の経営状態

武藤は一九三二年四月末より時事新報社の執務にたずさわることとなり、五月一日に「経営担当者」という役職に就任した。もちろん彼は実質、名取の後任の社長であり、社外では社長ないし相談役という肩書きで通った。

経営を引き受けてみると、時事新報社の財務状況はずさんなものであった。毎月三万五〇〇〇円の赤字を出しており、紙代の三万五〇〇〇円も支払われていなかったので、毎月七万円の欠損となっていた。そのような事情は全く知らされていなかったので、一晩、帝国ホテルでは寝られなかった。それのみならず、永らくの財政困難から未払金も溜まっており、武藤が経営を引き受けるやいなや、二〇数万円の取立てに対応した。

武藤が時事新報社の再建に乗り出して四日目のことであったが、稲垣常務取締役が社長室に給料が払えないことを報告しに来た。四月二五日の給料日には、現金がないので先付けの小切手で半分支払い、残りの半分を三〇日に払おうとしたところ、小切手が落ちなかった。

武藤は秘書の田中久雄をともなって三井銀行へ借金に出かけた。その際、武藤の名義で一〇万円借りたが、手形に彼の住所の番地が記載されていないといわれ、さらに機嫌を悪くした。借りた金はそのまま三井銀行へ預けたが、引き出しが続いて二、三日でなくなり、その後二、三カ月の間に何度かにわたってまた一〇万円の借金をした。

しかし、その後は欠損も激減させていき、福沢諭吉の生誕百年に向けて一九三四年には赤字を克服し、墓前に報告することを目標としていた。なお、武藤は社長以上の責任を果たしていたが、「経営担当者」という職責についた理由は、社長という肩書きにともなう世間との交際を避け、再建に集中するためであった。この頃の武藤は、宴会も格別嫌いで、やむをえない場合は門野会長に対応してもらった。

武藤の福沢に対する思いであるが、以前の彼は福沢宗であるから、人の厄介になるのは恥で、時にはお互いに孤立することが独立自尊の精神だと思っていた。しかし、武藤自身も食事をごちそうになったことがあり、福沢は周囲の世話もよくし、塾の卒業生の就職口がなければ頼み歩き、身の上の相談にまで対応した。そこで直接、福沢を知らない者が多数になってきた中、彼の名前や塾の人的関係で福沢の精神を維持しようと考えるのは誤りで、関係者間の相互扶助も考えなければならないと武藤は思うようになった。そこで、時事新報社の再建に際して、このような内部における相互扶助的な協力要請を慶應義塾関係者に示した。

武藤は、鐘紡における「温情主義」・「家族主義」経営においても、企業の外部に対しては独立した立場を取る一方、内部に対しては相互扶助を行っており、時事新報社の経営及び関係者への対応や、福沢の精神に対する理解においても共通していた。

武藤の評論活動と社内における意思疎通

武藤は一九三二年四月二八日より、月曜日から土曜日まで発行される毎夕刊に、小論を欠かさず連載することを自らに課した。題名は五月三日より「思ふまゝ」とし、最期までやり遂げた。田中久雄は、この「思ふまゝ」を執筆する時の武藤は真剣そのもので、文中の一言一句をゆるがせにせず、いずれも真心からのほとばしりであったと述べた。そして、何事にも用心深い彼は、時事問題以外のものとして、芸術、教育、発明等の問題について二つ三つ書き溜めていた。

さらに武藤の執筆関係として、当時の新聞では、月曜日の朝刊に社説が掲載されないことが慣行となっていたが、彼自らが筆を取る形で、一九三二年六月一三日の朝刊からはじめ、その後一九三三年一一月二七日より「月曜論壇」とした。

また、一九三二年五月一日付けで第一号の「回章」を社内に発した。そこには、取締役会の議決により、武藤に経営の全権が委任されたこと、経営上の問題はすべて回章により告知すること、これまでの経営方針を改め、社員と一体となって時事新報本来の使命に向かって邁進すること、そのため彼らに協力を求めることが記された。続いて、翌日の第二号では、事務の簡易化を唱えた。そして、鐘紡と同様に注意箱を設置し、さらに救済委員を設置することで、現従業員のみならず、整理のために退社または休職したものも含めて、生計上困難に陥った者の救済を行った。

「社報」は一九三三年五月より発行された。その目的は、本社と支局との間の意思疎通の補助手段としての役割であった。また、新聞社であるからといって一般の会社と比べて特別視せず、一定の統制のもとで規則正しく働くとともに、会社のためになると思う有益な意見を採用するため、武藤に伝えることも求めた。そのため、武藤が三井銀行時代に経験し、実行したように、古い慣習の衣を捨てることも求めた。

時事新報社の様子は、武藤が支配人として着任した当時の鐘紡と類似しており、経営トップによる強い統制のもとで一大改革を断行した。そこでは、旧弊の打破や経営再建のために、全社が武藤の命令のもとに動くようにし、時には妨げとなる人や制度を廃した。その際、彼のモットーは毎日一つ新しいことを考え、之を実行していくことであった。

武藤は一九三四年三月に急逝するが、遺稿となった社報用の文章は、「寡を以て衆を破るの覚悟」というものであった。これまで一年一〇カ月にわたって経営にあたってきたが、それは基礎工事というべきで、修繕や整理改善といった消極的なものであった。しかし、今後は東京で東京朝日、東京日日といった競争者に対して、今日いわれている差別化戦略的な戦法を取らなければならないとする考えを示していた。

紙面の作成と営業の一端

武藤の三五年間に及ぶ鐘紡経営では「良品生産主義」の考えがあったが、時事新報社の経営においても、商品が優秀であれば必ず売れるという考えに立って、紙面をつくる上で編集と、工場の改善に力を入れた。

また武藤は、新聞社としての営利を超越して、指導的地位を確保する必要を考える一方、大衆的で興味本位にすることも理想とした。そこで、前者の指導的使命は彼自らも筆を取ることで果たした。そして、朝刊の紙面数は通常一〇面であったが、一九三二年七月八日より、大東京版と娯楽セクションを加えて一二面とした。その結果、夕刊四面、朝刊一二面の計一六面となったが、それは東京の新聞としてははじめてのことであった。さらに同年九月より、日曜日に「小生負担」と社内でいわれた武藤のポケットマネーにより、『時事のすすめ』を発行するとともに、一一月からは『日曜時事』として発行した。

そして、印刷や写真を良くみせることに全力を注ぎ、工場の機械の充実に多大な労力を費やし、三色刷の研究も進められた。

原材料の紙に関しては、一九三二年四月末の着任早々間もなく、支払いが滞っているため、王子製紙より翌月から紙の供給を停止するという連絡が来た。そこで武藤は、同社の社長で慶應義塾出身でもある藤原銀次郎と談判し、儲けるためにこの仕事を引き受けた訳ではないことを彼に話したところ、古い債権はそのままで、武藤が事業主になってからの紙代は、手形で払って貰うという事で決まりがついた。ただし、王子製紙との間では、古い紙が納入されたり、ほかの新聞社と比べてリベートが少なかったりしたこともあり、武藤にとっていらだちを隠せないこともあった。

続いて一九三二年七月には、夏休みに向けて、販売促進のために勧誘の学生アルバイトを募集する案内を武藤自らが執筆した。それは毎日、時事新報社へ顔さえ出せば五〇銭、一人購読者を勧誘したらさらに二〇銭出すという広告記事であった。夏休み後もやりたいという学生の希望で、やがて社内に学生部ができて、田中久雄に武藤の秘書と同部長を兼務するよう命じた。また、この収入により、独力で卒業できた学生も多かった。

そして新聞社の経営上、重要な財源を提供する広告主に対して、武藤自らが謝意を表するために訪問し、その感想を「広告巡礼」と称して、一九三二年一〇月より掲載するような企画も行った。中でも一九三三年一月六日に岩波書店を訪ねた際、社長の岩波茂雄は、雑誌『思想』一九三二年六月号に、「武藤山治氏新聞界に入る。一新聞の主宰たる地位は一閣僚の地位より重し。政界革正の轍を再び踏むなかれ」という短評を掲載したことに触れた。一方、武藤は岩波に対して、発行部数の維持のために無料配布や安売り、そして景品付の販売をするような方法は排して、紙面の充実にこそ苦心した結果、販売部数も増加したと話し、彼らは意気投合しあった。

一九三二年内の株主総会における挨拶と議決

一九三二年六月の第二四回定時株主総会では、名取和作による武藤の再建引き受けの経緯等に関する談話や社長退任の挨拶ののち、武藤が立った。そこでは、品位のみに捉われて、社会大衆を無視するような編集方針を改めることへの了承を求め、福沢諭吉も同じように改めたであろうと思うと述べた。そして、これまでの第二回と第三回の株式払込みに対する未払い分の支払いへの協力を依頼するとともに、七月に七円五〇銭、一〇月に五円の計一二円五〇銭を第四回払込みとして行うことへの了承を求めた。これらの株金は、いわば「福沢先生の遺業」である時事新報を後援する特別義捐金であるとした一方、役員への賞与は無支給とした。

続いて、九月一五日に臨時株主総会を開き、ここでも株式払込みへの協力を求めるとともに、役員の改正も行った。その結果、取締役会長に門野幾之進、取締役に川辺喜一郎（経理部長）、伊藤正徳（社説部長、一九三三年六月に退職）、森田久（編集局長）、後藤武男（監理部長）、三浦修治（広告部長）、千葉三郎、監査役に佐藤暦治郎（鐘紡出身で錦華紡績取締役）、島田乙駒（東京理化学研究所主事）、石山賢吉（ダイヤモンド社社長）がつき、武藤は「経営担当者」であった。彼らの中でも、国民同志会や南米拓殖の事業で武藤の腹心であった千葉は販売部長を担当し、さらに社業全般にかかわり、副社長的存在となった。

一二月二六日の第二五回定時株主総会では、株主総数四〇九名のうち、委任状も含めて一九七名が出席し、総株数一〇万五〇〇〇株のうち、七万六七三〇株分であった。この時、損失金についての説明があり、一九三一年下半期には四四万三二八四円、武藤が着任した一九三二年上半期には、それまでの取立て不能な未収入金も加えて四八万四二九六円であったものが、この下半期には二〇万一六〇七円と半減したことにも触れた。その後、損失金は一九三三年上半期約一五万円、下半期約一四万円と推移した。

また、人件費の二割削減を実施し、このような協力に対して、株主からの株式の寄付により従業員に報いたいということで、平均二株を従業員に分配した。配分した人員は九二一名で、功労がありながら退職した者三八名にも譲り渡し、残りは将来、功績のあった人々のために贈与することとした。この時、寄贈した株主は一九名、六四五〇株分で、武藤も保有していた一〇〇〇株のうち、九〇〇株を寄贈した。そしてここでも、株式の払込みへの協力も強調した。なお、一九三三年一一月末現在となるが、時事新報社の資本金は五二五万円、未払込株金二二万円、同年六月一日から半年間の総益金約一八六万円、総損金二〇一万円、差引当期損出金一四万円余り、これまで累積された繰越損失金が二五八万円であったが、着実に経営は改善されていった。

社会事業団体設立への貢献

かつて綿糸布商を営んでいた大里兵蔵という人物がいた。大里は武藤が時事新報社を経営する四〇年近く前から、同年輩であった彼の鐘紡における職工優遇に感服していた。そして、武藤の評論である「思ふまゝ」を目にして、再び感銘を得るとともに、彼が同社を経営していることも知った。そこで大里は、「すぐに気の毒な人々の実際の役に立つことに使ってほしい」という思いから、武藤に百万円の寄付金を托した。

武藤と大里との会談は、一九三二年六月に二度あったが、すでに五月一八日に、武藤は側近にそれとはなしにこの話をして意見を求めている。その側近は、河上肇の『貧乏物語』（一九一七年）等で、ヨーロッパにおける小学児童の食事公給問題を知っており、欠食児童の救済について提案したという。武藤は、手続きや形式にとらわれず、「実際の役に立つこと」に寄付金を使ってほしいとする大里の実業人的な考え方に感心していたが、武藤の論争相手であった河上にまつわるそのようなエピソードが、これから行う社会事業のヒントとなった可能性もあった。

そして武藤は、一九三三年八月二三日に設立された財団法人大里児童育成会の理事長に就任した。財団は東京市内の小学校の欠食児童への給食、同じく貧困のため、優良児童でありながら、上級学校への就学が困難な者への学資の給与または貸与の二つを目的とした。給食には、鐘紡東京工場の賄所が献身的にあたり、毎日四～五千食、年間二五〇日ほどにわたり、九〇校余りに提供した。

大里は武藤への追悼文の中で、次のように述べている。

年間四万円ほどの収入だとすると、一日二〇〇〇人が限界だと思っていたが、翌年には武藤の手腕により七万円の収入となっており、しかも基金も増えていた。そこで、二千人の児童は自分が救済しているかもしれないが、残りの二千数百人は武藤の力により給食しているとした。

武藤は金だけ出して、あとは東京市に任せきりというような態度はとらなかった。鐘紡の大炊事場で毎日調理したものをトラックで迅速に運んだので、いつも暖かいものが食べられ、公設調理所、飲食店ほかからのものより、質、量ともに良かった。さらに武藤は、一度はじめた仕事をあくまで完全にやりとげようとする人で、弱い者に対する同情といい、仕事についてのこうした熱心さといい、彼には全く感服するほかないと大里は語っている。

この育成会の定款では、毎月の人件費は収入の一〇〇分の五を超えてはいけないという条項があるが、これも武藤ならではの特徴とされている。大里は、社会事業団体というと聞こえは良いが、人を救うよりも、わが身を助けることの方を第一と考える者が多く、せっかく寄付しても困っている人を救わず、かえって罪人を作ることになってしまう可能性を憂いていた。そこで、すべての社会事業家が武藤のような心持でやってほしいと感心する者がいたという。

さらに武藤は、相談があってから設立にいたるまでの利子も財団の基金に繰り入れたほか、いかなる善行であっても、従来の事業を圧迫する可能性があることから、これまで給食事業を請け負ってきた民間食堂に対して、納入してきた弁当の売上額に応じて心づけを贈るような気遣いもした。このようなことは、かえって驚かれかつ感謝された。民業の圧迫に対する配慮については、かつて鐘紡兵庫工場で、蒸気機関の冷却のために用いられるコンデンサーの廃熱を利用して、無料公衆浴場を設立することで地域住民に喜ばれたが、他方、周囲の湯屋から苦情が出て、補償料を支払った経緯があったことによる。

武藤の時間観念と一日

武藤は、一般従業員に対しては温情をもって接する一方、幹部に対しては厳しさを求め、彼らが暑中休暇をとったことに彼は立腹した。また、勤務時間中の外出の際、必ずどこに行くか、いつ戻るかがわかるように、各自の机の上にメモを置くことも「回章」で示した。

また、時事新報時代の武藤は、彼自身と母親の病気の時を除いて日曜日のほか休まず、小論の掲載に穴をあけることもなかった。彼は神戸の住吉観音林に本邸、同じく舞子に別邸、そして政治活動中には大阪の天王寺にも家を持ったほか、さらに時事新報時代には北鎌倉の山の内に家を建て、そこから通った。それらのうち舞子の邸宅は、国会議事堂も手がけた大熊喜邦の設計により一九〇七年に建築されたもので、現在、兵庫県立舞子公園に再移築・復原されている。

北鎌倉の自宅は、現在、北鎌倉女子学園の一部となっている小高い丘の上にあり、二階建てであったが、比較的質素な家であった。武藤は「人は働くために生きている」と述べ、時事新報社の経営以外に全く余念のない彼は、朝六時の起床から夜二三時の就寝まで、仕事に心身を費やした。朝は二階の寝室で朝刊をみて、七時に洋服に着替えて降りてきて、夜は二二時に二階に上がって洋服から着替えた。

自宅における食事は、朝食はおかず一品、夕食は二品で、朝はオムレツかハムエッグに、小さくカリカリに焼いたパンを食べ、デザートはバナナかリンゴ、夏は真桑瓜で、それにコーヒーを飲んだ。そして、最晩年には、身体のために朝夕ともに、毎日玄米を欠かさなかった。一日三回の食事に要する時間は、合わせて三〇分以内で、帰宅後の外出は絶無であり、酒も嗜まなかった。彼は、周囲の若い者に対して、小説でも良いから何か書物を持っているようにと述べ、実業家については、社交的な宴会で時間を空費し、研究するとか静養するとか、実業に没頭することがないからいけないと語っていた。

出社の際は、毎日九時一五分頃自宅を出て、横須賀線の北鎌倉駅に徒歩で向かい九時二六分に乗車、新橋駅で下車すると自動車に乗り、一〇時一〇分過ぎに時事新報社に到着した。車内では、知人と一緒になると談義を交わしたが、通常は原稿の執筆や校正をするか、新聞、書籍、書類をみて、社屋玄関も万年筆と原稿用紙を持って入退出した。

出社して社長室に入ると、まず、机に向かって原稿や手紙の整理を入念にした。続いて当日の朝、学生給仕により社長室の壁に貼り出された東京朝日、東京日日、読売、そして時事新報の紙面に目を通し、編集担当者と協議した上、さらに工場、印刷、販売の部署にも指示を出した。武藤は新聞に対して、字で描いた絵という発想も持ち合わせていた。

社長室の学生給仕は、武藤に仕えることは百冊の書物を読むより立派な生きた学問だと思って一生懸命働いた。そして、学生部員一同の話を聞く機会に出席した武藤は、同じ折詰弁当を食し、時折拍手をしながら熱心に聴き、打ち解けて最後まで席を離れなかった。そのような彼の姿に、いかに苦学生に対して暖かい心を寄せていたかと思うと感謝の気持ちがたえないと述べた。

一二時一〇分前から数分でトースト、果物、それに紅茶等の昼食を済ませ、その間も考え事をしていた。最初は弁当としてそれらの食事を持参していたが、その後は社内の食堂で済ませた。そして昼食後に、その日はじめて煙草に火をつけた。

午後は来客への対応も多かったが、決して永く待たせるようなことはなく、帰りには必ずエレベーターのある所まで見送り、丁寧に挨拶をした。

そして、一七時四五分に退社すると、新橋駅一七時五五分発に乗車して一八時四〇分北鎌倉駅着と規則正しかった。このように彼は時間を大切にしていたが、仕事の区切りが付かない時に人任せにするようなことはせず、退社は遅れることも度々あった。また、歯が痛む時でも、氷嚢を当てて、社長室で執筆を続けた。

自宅に戻ると、夜分はラジオを常にかけたままで、原稿を書いたり、読書をしたりしていたが、原稿の仕事が済んだあとなどに、ゆっくり骨董物をみるのが唯一の趣味であった。その趣味の方は、斉藤利助によると、与謝蕪村ののちは、仏画、雪舟等と収集を進めていき、仏教関係だけでも、当時、絵画三点や経関係の典籍七点の計一〇点に及ぶ国宝を有していた。

2　「番町会を暴く」の掲載と社会に対する遺言

番町会問題

政官財界間の癒着問題をきらった武藤は、彼の責任のもと、『時事新報』紙上で「番町会を暴く」という特集記事を連載した。この時の編集局長は森田久で、編集局総務の和田日出吉が大森山人のペンネームを用いて執筆した。連載は一九三四年一月一七日より三月一三日まで五六回に及んだ。

番町会とは財界の世話役といわれた郷誠之助（一八六五―一九四二）を取り巻く財界人の懇親的集まりで、毎月一四日の夜に東京の麹町番町の郷邸に集まった。一九二三年二月から会合がはじまり、一九三四年五月をもって解散したが、東京株式取引所理事長、日本商工会議所会頭、日本経済連盟会会長等をつとめた郷、そして、日本工業倶楽部専務理事をつとめていた中島久万吉を中心に、河合良成（日華生命専務）、永野護（山叶商店専務）、後藤国彦（成田鉄道副社長）、中野金次郎（東京商工会議所副会頭）、伊藤忠兵衛（伊藤忠商事社長）、渋沢正雄（昭和鋼管社長）、正力松太郎（読売新聞社長）らがメンバーであった。

一九二七年の金融恐慌時に鈴木商店が破綻し、その関係会社であった帝国人造絹糸株式会社（帝人）の株式等が、債権として台湾銀行に渡ったことに端を発したのが、いわゆる「番町会問題」である。帝人は化学繊維メーカーとして有望視され、上場後の株価の高騰も期待された。そこに番町会の関係者が政府高官に働きかけ、台湾銀行より帝人株が秘密裏に払い下げられたことに対して、武藤は社会正義や政官財界の健全な関係のあり方という観点から攻撃を加えた。

一九三三年五月、台湾銀行が保有していた帝人株二二万株のうち一〇万株を、一株一二五円（うち手数料が一円）で売却する商談が成立した。島田茂台湾銀行頭取と、生命保険会社関係を中心とした買受団側の代表である河合良成との間で契約が交わされたが、その買受団側には、さらに永野や正力といった番町会の関係者もかかわっていた。

この契約内容は、一九三四年三月二日に帝国議会内における諮問会で取り上げられ、翌日には連載中の『時事新報』の「番町会を暴く」でも公表された。そこでは、一九三三年五月三一日現在の株主に対し、旧株三株に対して新株二株を割り当て一五〇〇万円増資すること、三分増の一割五分の配当とすること、譲渡後、東京及び大阪の株式取引所への上場手続きが約束されていたことが明らかにされた。これらは、株式の売買益を得る条件となり得た。さらに、買受側の推薦者二名を帝人の重役にするという条件のもとで、河合が監査役、永野が取締役についた。

武藤が番町会問題を取り上げた理由

武藤は自らの番町会問題に対する見解を、『時事新報』夕刊紙上の「思ふまゝ」の中で数回にわたって触れている。

「本社は何故に番町会の問題を取り上げたか」（一九三四年一月一八日〔夕刊〕）では、昨年の帝人株の件に続いて、本年には同じく鈴木商店の関係会社であった神戸製鋼所の株式も突如売却されたという報道に接し、公益上、放任できないとしてこの問題を取り上げるにいたったと述べた。

しかし、ここで特に問題視されているのは、世間でいわれているこれらの株式の売却の価格にあるのではなく、台湾銀行が不透明な売却手段をとったことであった。台湾銀行は、一九二七年の金融恐慌の際、「特融法」（日銀特別融通及損失補償法）により救済された経緯があるので、この銀行の担保物は公有物とみるべきものであった。そこで、一円でも高く売却する義務がある一方、処分方法は公明正大という観点から公売にするべきであった。そこで、特融の監督責任者であった日本銀行が、なぜ、このような売却を許可したのかを糺さなければならなかった。

続いて武藤は、「台銀及び日銀当局者の弁明は納得し難い」（一九三四年一月二二日（夕刊））とし、さらに翌日の紙面でも、番町会の幹事であった後藤国彦が、会は単なる社交団体でこの問題には関係ないとする広告を他紙に掲載したことに対して、「我政界財界より『清濁併せ呑む』の悪風を排除せよ」（一月二三日（夕刊））という評論を発表した。そこでの武藤は、郷及び中島の両男爵の私心無き人柄はよく信じているが、それでも会員の中から多数疑惑の的となる人物が出てしまった以上、そのような濁れる分子は排除し、清き社交団体となってほしいと述べた。

また、「中島商相の弁明について」（一月二五日（夕刊））という評論では、中島久万吉は無心だったであろうが、商工省の主管大臣としては、日銀総裁の意向だとして、帝人と台湾銀行との間の株取引の斡旋に立ち入るようなことをしてはならないと武藤は論じた。そこで、もし、そのようなことを容認するとしたら、同省は株式売買及び会社合同、その他商工業に関する一切の周旋業を営むという看板を掲げることになると述べた。また、買受団側である永野護の台湾銀行取締役就任に対しても、台銀側の躊躇があったにもかかわらず、中島商相や三土忠造鉄相が斡旋するような形になったとした。

そして、「悪を見ては必ず匡せ」（一月二九日〔夕刊〕）という評論では、資本主義の長所は、損した時は資本家がその損失を負担するところであり、社会主義の欠点は、損失をすべて社会の負担に帰するところであるといえる。そこで、儲けた時は己の懐に入れ、損した時はこれを国家に転嫁しようとすることは、資本主義と社会主義とを己れ等の私利私欲のために使い分けするものであり、容赦すべからざる悪事だと武藤は述べた。そして、「月曜論壇」に掲載された「正義の筆陣」（二月一二日）とする評論では、わが政界と財界の一部の結託によって生じる腐敗を絶滅させなければならないとした。

武藤の暗殺

武藤は、この「番町会を暴く」が連載されると、身の危険について多くの者から忠告を受け、阪神急行電鉄等を経営する小林一三は、彼を気遣って、防弾チョッキを送ったといわれている。そのようなさなかの一九三四年三月九日の朝、自宅から北鎌倉駅に徒歩で出勤する途上、彼は凶弾に倒れ、翌一〇日に逝去した。その際、ともなっていた書生の青木茂（二三歳）は彼の楯となり、その場で絶命した。犯人は東京市荒川区在住の福島新吉（四一歳）で、その場でピストル自殺を遂げた。

武藤を殺害した福島は、一九三二年八月に貧困者の救済と称して、東京市営火葬場設置運動に関する考えを述べるために、中野正剛の紹介状を持って時事新報社の武藤をたずねており、二人は面識があった。福島の出身地は福岡市で、中野も同郷であった。

武藤はさっそくこの問題を社内で調査させ、武藤は「思ふまゝ」に「東京市民代表が市民の利害に無頓着な一例」（『時事新報』一九三二年八月二〇日（夕刊））と題して、火葬料の問題を取り上げた。それに対し福島は、八月二八日付けで武藤に礼状を認《したた》めたが、その後、無断の掲載だとして訴訟の手続きを試みようとした。しかし、定職を持たない福島は、訴訟費用の負担に耐えられなかったため、弁護を成富信夫弁護士から断られた上、彼は時事新報社や北鎌倉の武藤宅までたびたび尋ね、金を要求するようになった。

また福島は、『経済往来』の一九三四年三月号に「武藤山治君に対する公開状」を掲載した河合良成への接触も試み、河合は一九三四年三月一日に、丸の内の岩田宙造弁護士事務所にいる清水郁弁護士に対して福島と会うように依頼した。そして、福島は三月六日の午後に清水を事務所に訪ねた。この清水弁護士は後藤国彦と親しく、「番町会を暴く」の記事対策協議もした経緯があったが、のちに河合は、福島とは電話で話しただけだと供述している。

この武藤暗殺事件では、警察そして検察ともに、短期間で結論を出そうとし、捜査が十分なされたとはいい難い点もあった。なお、後日談であるが、福島の残された家族は、武藤が成立に尽力した救護法による救済を受けた。

番町会問題は、武藤の暗殺事件をきっかけとして「帝人事件」に発展した。四月には帝人関係者である高木復亨《なおみち》社長、岡崎旭取締役、一九三三年六月より役職についていた河合良成監査役や永野護取締役、そして長崎英造旭石油社長、小林中富国徴兵保険支配人、島田茂台湾銀行頭取らが、続いて五月には、黒田英雄大蔵事務次官、大久保偵次銀行局長ら大蔵官僚も逮捕された。さらに三土忠造鉄相（九月に偽証罪で起訴・収容）、鳩山一郎前文相（職務権限外であり、読売新聞社の正力松太郎から授受した五万五〇〇〇円は政治資金だとされた）、中島久万吉前商工相（七月に逮捕）への波及も必至となり、一九三四年七月三日の斎藤実内閣の退陣等、政治問題化した。なお、正力は召喚されただけであった。公判は、一九三五年六月二二日から一九三七年一〇月五日にかけて総計二六五回開かれたが、一二月一六日の判決では全員無罪となった。

葬儀と埋葬

一九三四年三月九日、福島に狙撃された武藤は、鎌倉材木座の大庭病院に運ばれ、慶應病院の医師も立ち会い、大手術を受けた。吉沢勝子（三女）、中上川静子（孫娘）、さらに当日夜半に阪神方面から妻の千世子、武藤金太（長男）、武藤絲治（次男）・田鶴子夫妻、この時帰省していた中上川蝶子（長女）、八木幸吉・二三子（次女）夫妻、津田信吾鐘紡社長らもかけつけ、看病にあたった。また、千世子は、武藤の楯となって即死した青木茂の弔問のため、彼が安置された斉藤利助の北鎌倉の別荘も訪ねた。

武藤は一時、持ち直したかにみえたが、翌三月一〇日の二一時二〇分に家族に見守られながら昇天した。なお、逝去に先立って、武藤はカトリック系の聖心女子学院卒の勝子より洗礼を受けた。

武藤の遺骸は、深夜に北鎌倉の別邸に運ばれ、通夜の第一夜が明けた。故人は、彼愛蔵の雪舟作の山水を描いた六曲二双の屏風と、自らが遭難の六日前に描き絶筆となった吉野桜の小屏風とで三方を囲まれた。弔問客は絶えず、弔電も山と積まれた。そして、一二日の夜に納棺式が行われた。

一三日の六時三〇分に霊柩を乗せた車列は、東京駅に向かうため北鎌倉の家を出発し、京浜国道沿いの『時事新報』の販売店の前では、弔旗を掲げて従業員が、そして慶應義塾前等でも、関係者の見送る姿がみられた。花輪に埋もれた時事新報社前では、遭難時の着衣を納めた木箱が下ろされ、千世子と金太がこれに従って三階の社長室に運んだ。東京では、時事新報の社葬として三月一六日の午前に慰霊祭、午後に告別式が行われたが、その際、血染めの背広が飾られた。

一行は東京駅に着くと、武藤を納めた棺は、惜別のためにホームを埋め尽した数千人の人々を縫いながら、一〇時発の下関行き列車の最後尾に連結された霊柩車に移され、関口教会のヨハネス・アレクシス・シャンボーン大司教の祈りも受けた。途中の駅々でも見送りを受けるとともに、供花も持ち込まれ、大阪駅では弔灯も捧げられた。そして、神戸駅頭でも多くの人々に出迎えられ、当日の夜半に住吉観音林の本邸に着き、安置された。そこでは、夙川教会の永田辰之助神父によるカトリック式の祈りが午前一時まで行われ、通夜となった。

霊柩は、三月一六日に住吉の本邸から夙川教会に運ばれ、大ミサ聖祭や赦祷式が済むと、一〇時過ぎに教会を出て国民会館に向かった。生前の武藤は、多忙を極めたため、一九三三年六月一四日の開館式の際に来館しただけであった。そこでは一一時より一五時半まで、鐘紡の社葬として告別式が行われた。会館前には自動車の列が続き、人波に大混雑を呈し、また、入口から場内まで七百数十の花輪で埋め尽くされた。

弔辞関係は、カトリック教会司教の田口芳五郎からの葬送の辞、そして鐘紡社長の津田からの祭文が述べられたほか、時事新報社取締役社長の門野幾之進、国民同志会総代の高津久右衛門、財団法人大里児童育成会理事の山下爾卓、大日本紡績連合会委員長の阿部房次郎、慶應義塾長の小泉信三、南米拓殖株式会社社長の福原八郎、鐘紡従業員代表ほか多数から弔詞が寄せられた。参列者には、武藤愛誦の聖句や彼の近影のカード、そして『私の身の上話』を贈った。大阪での告別式を終えると、武藤の霊柩を乗せた車列は、鐘紡の大阪支店や神戸支店の前を通過する中、従業員やその家族らにも見送られながら、舞子の別邸に着いた。

そして三月一八日、武藤は舞子の石谷山を購入していたが、その一角に設けられた墓所に埋葬された。彼のクリスチャン・ネームはヨゼフとされたが、先の田口司教による葬送の辞では、生涯は聖パウロのごとく、「善き戦いを戦った」殉国的・殉教的なものであったとした。

武藤の社会に対する遺言

一九二四年のことであるが、武藤は「醒めたる力」という全五幕にわたる政治革新劇を書きあげ、服部秀の脚色で、同年三月一日から一〇日間、大阪道頓堀弁天座において、中田正造新声劇一座によって上演されたことがあった。そしてこの劇は、武藤が逝去した後の一九三四年六月一四日、大阪大手前国民会館一周年記念演劇会においても、松竹専属の俳優によって上演された。

武藤は政界活動中のみならず、政界引退後にいたっても、国民会館を建設したり、また、『時事新報』における評論の機会を用いたりしながら、政治教育や啓蒙活動を行った。さらに実業同志会に弁論部をつくり、よく弁論大会も行ったが、文章や弁論だけでは徹底できないと思い、演劇や活動写真等も用いて、教育や啓蒙にあたった。

武藤の逝去後間もなく刊行された『公民講座――武藤山治氏追悼号――』（一九三四年）の冒頭に、この「醒めたる力」の主人公・市川幸介（実業家五〇歳）に武藤が語らしめた「社会に対する遺言」が掲載されている。

そこでは、「予は今この世を去るに臨み、吾国家のため世の中の総ての人々が最も速に目醒めん事を望み、左の通り書き遺すものなり」として、第一、皇室の藩屏たる貴族、第二、各派の宗教家、第三、学者、第四、世の大富豪初め一般資産家、第五、労働者、そして第六、政党政治家に対して覚醒を望んだ。それらの中でも、武藤の立場でもあった資産家や政党政治家に対して次のように述べた。

第四、世の中は次第に民衆的になり、しかも彼らは正義を求めている。正義とは自己の欲しないことを人に施さないことである。そこで、資産家たちの一挙一動は、自らの利益のためのみならず、同時に他人の利益と一致するものでなければならない。

金儲けの術は道徳の天則と相反すると思うことは大いなる間違いである。なかんずく慎むべきことは、政治家と結託して利益を計ることである。

大富豪や大資本家の中に、このような不道徳者のいることを見て見ぬふりをすれば、やがて少数の者のために、資本家全体が社会の反感の的となって、自らも不幸になることとなる。それゆえに、時勢の変化に覚醒し、昔日のごとく自己さえ正直であれば良いとする考えは誤っていることを自覚して、自己を正しくするのみならず、世の中の総ての人を正しくすることに尽力することが、自己のためであり、社会公共のためであることを自覚することを忠告する。

第六、政党政治家の目的は、多くの代議士を集めて政権を獲得することにあって、彼らの地位は、自己の良心と党利党略の間に立ってかなり苦心があることは明らかである。しかしながら、ここで忠告したいことは良心に従うことである。党利党略のために良心を売ることは最も忌むべきことである。人は良心に従って行動することほど快きことはない。

良心を売って得た勝利よりも、良心に背かない敗北の方がはるかに愉快で、かつ貴いものであることを思わなければならない。神は高いところより皆の行動を監視している。人は必ず一度は神の裁きの前に立つ時のくることを忘れてはならない。

なお、ほかにも言いたいことは多々あるが、もし幸いに、以上の私の希望の幾分にも達しているならば、自分は快く地下に瞑する。

これが真理を自由と正義に求め、経営者、政治家、そして評論家として社会とともに戦った武藤山治の遺言であった。

あとがき

武藤山治は、政財界における再興者であり創造者でもあった。彼は政治やほかに頼らない自由主義を標榜した独立自尊の経営者であり、このような思想をもって、鐘紡の中興の祖、日本的経営の祖、政党・実業同志会及び国民同志会の党首、そして時事新報社の再建者となった。さらに武藤は、企業の競争力や社会基盤を築き、企業内の福利厚生制度や社会保障制度を充実させることで、生活弱者の救済を図ろうともした。また、経営リーダーとして、自主自律の精神を有し、問題解決能力を兼ね備え、変革を担った。本書では、そのような彼のキャリア形成、経営と政治活動、そして日本経済思想史上の位置づけ等の考察を試みた。彼は主体的に自分の人生を築き、正義に照らし合わせて行いたいことを、人を通じて企業や社会で実行していった。

武藤の父親は、自由民権運動に関係し、衆議院議員にもなる地域の名望家であった。そして武藤は、家庭において厳格な教育や、読書の習慣をはじめとする知識を取得する環境を得るとともに、少年期には文学者を志していた。また、郷里の岐阜の小学校を終えて入学した慶應義塾では、福沢諭吉という大教育者をはじめ、日本の財界や政界を担っていく人物に直接接する機会があり、そこでの人的ネットワークは後世にわたって活かすことができた。さらに、慶應義塾での自由な雰囲気の中での人格教育は、対人関係やビジネスにも活かせた。そして、教育制度が確立されていない時代だったとはいえ、彼は満一七歳という現在の高校二年生の年齢で、今日の一般的な大学以上の教育水準にあった慶應義塾の本科を、一八八四年七月に卒業した。

少年期から外国を意識して武藤は、イギリス留学の夢こそ果たせなかったものの、渡米を果たすことができ、国際的な視野から日本の実情をみる感覚も得た。また、渡米自体が冒険で、自立へのステップでもあり、苦学を志す中で、使われる者の立場もわかった。

帰国後は、自ら広告代理業や雑誌刊行にかかわる事業を試み、英字新聞記者や外資系商社への勤務経験も得た。恩師である福沢は、自らの経験から渡航のほか、新聞社への勤務も奨励したが、武藤は記者経験も通じて、迅速さや情報収集力といった経営者に求められる資質を身につけた。

その後、一八九四年に二七歳という若さで、鐘紡兵庫支店支配人に就任するとともに、工場の建設に着手した。そして、一九〇〇年には三三歳で鐘紡全体の支配人となっており、彼に同社の経営が任される中、試行錯誤もあったが結果を出している。鐘紡経営の中でも、欧米からの経営手法の導入や、アジアを中心とした市場の把握及び在華紡としての生産といった面で国際感覚を生かすとともに、一九一九年にアメリカ合衆国で開催された第一回国際労働会議にも出席した。また、武藤自身は渡伯する機会を持てずに生涯を終えたが、ブラジル移住を目的とした南米拓殖株式会社の設立にも、海外移住推進論者や鐘紡経営者としての立場から尽力した。

武藤は、福沢精神の継承者、経済的自由主義者、経営家族主義の形成者といった経済・経営思想史上の評価を得ているが、ここではそれらの側面に一体性を持たせ、彼の財界活動に主軸を置いて、政界活動や評論活動との関係も、体系的にまとめることを試みた。武藤の経営上、経済上、そして政治上の思想をみるに際して、福沢諭吉はもちろんのこと、福沢山脈を形成した中上川彦次郎、朝吹英二、和田豊治、さらに日本経済思想史研究上でよく福沢と対比される渋沢栄一ほか、福田徳三、吉野作造、河上肇、石橋湛山らとの関係にも注目した。そして、武藤との間に直接の面識はないが、テイラー、パターソン、メイヨーやレスリスバーガー、さらにシュムペーターといった、アメリカ経営思想史上の人物との関係にも触れた。

また、本書では、フリードリヒ・ハイエクの経済活動に対する政治的干渉を嫌う古典的自由主義観をも想起させる、武藤の経済的自由主義が、彼の革新性や先見性の原動力になっているとみてきた。そして、武藤の今日にも通じる経営上の示唆はもちろんのこと、彼が一九二〇年代に唱えた電信・電話、国鉄、そして郵政の民営化等が一九八〇年代以降に現実化し、今日関心が持たれている首相公選制まで提唱していることを考えると、彼の目は六〇年以上先もみていたといえよう。

ところで、武藤が企業経営のみならず、社会に対する啓蒙や政治革新にもたずさわったことは、現パナソニック、ＰＨＰ研究所、そして松下政経塾をおこした松下幸之助（一八九四―一九八九）と重なるところがあり、彼が武藤をどのようにみていたかも興味深い。

一九四七年五月の松下に対するインタビューの中では、武藤がいた時代の鐘紡は、町工場と同じような意識のもとで経営しており、さらに資本もあったので能率が上がり、同社が繁栄したと述べている。

また、一九六六年一月の松下と松永安左エ門との対談で、松永が高品質な商品を生産し、その一つひとつに対してレッテルを貼るような自信と責任感に立った経営を武藤が行ったと述べると、松下もそのような責任感の強さに共感していたと語っている。また、福沢桃介の出資により福松商会を営んでいた頃の松永は、慶應義塾の先輩にあたる武藤を頼って鐘紡兵庫工場に石炭を納入したこともあったが、その際、武藤だけはどうしても胡麻化せなかったと周囲に語っている（池田成彬『故人今人』一九四九年、の中の池田談）。

一九四六年一一月三日の経営経済研究所（同月二八日にPHP研究所と改称）の開所式における松下の挨拶では、この研究所を開設した理由として、武藤も含めた先哲、偉人の残した業績を私たちが再び取り出して、これを具現する必要があるとし、個人、会社、団体、進んでは国家の経営に改善を加えていくと述べた。ただし、政治的にはむずかしく、自分のような政治的実力を持たない者には危ないとした。さらに松下に対して、「あの偉い武藤山治氏が、そういうものをつくってやったが、完全に失敗した」と忠告した人がいた。そのことは松下自身も知っているが、武藤のようなものは断じて求めず、もっとたやすく、愉快にたのしいものを、しかも急速に行っていくとして賛成してもらったと語った。

一九四七年九月一〇日に松下は、国民会館主催の第一二〇回武藤記念講演会（於、大阪の毎日会館）で、「資本主義も社会主義も」という講演をしている。そこでは、武藤は「国家的見地、また社会人としての立場から、国民の教育、社会運動に非常な努力をされた方であり、私どもの敬慕するところであります」と述べている。

そして松下は、一九八〇年四月に開設される松下政経塾を構想していた際も、武藤のほか、小林一三、藤山愛一郎も含めて、今まで実業家として直接、間接、政治に関係して成功した人はいないとして反対されたこと、さらにその際、直接政治をやらないにしても、決して実業家としてはプラスにならないのでやめるようにいわれたことを、開塾される前年のインタビューで語った。政治家を育成する政経塾のような事業は、元来、各政党がやらなければならないが、今日のことは考えるが、明日のことは考えず、しかも選挙になったら票田のことばかり気にしているような貧困な状態に、松下はこのままではいけないと思った。それに、日本の情勢は政治的にもますます混迷の度合いを深め、泥沼化しているとみて彼は政経塾を開設した。

いずれにしても、実業家であった武藤や松下は政治を憂い、しっかりとした信条や信念を持ち、よく熟考した上で、経営感覚も取り入れた政治改革を提唱した。そして武藤は、自らも政治の場に立ちつつ人材の育成にもつとめ、松下は武藤からも学習することで人材の育成に特化して、それぞれ政治革新の道筋を立てようとした。武藤は、政党の党首や衆議院議員となったが、彼の主張は、政財界間の関係の浄化や健全な国際関係の構築のため、政治と経済を切り離していくことであった。ほかにも、確固たる政治信条にもとづいて政策立案をしたことや、政実協定にみられたような、第三党として政策本位の連携を政権政党との間に行ったこと等、政党運営のあり方についても歴史的示唆を与えた。

武藤の主な活躍の場所は、神戸、大阪、東京といった大都市あるいは中央になるが、九州の佐賀を例に取っても、地方に対する彼の歴史的影響があった。佐賀にも実業同志会の支部が設立され、一九二四年の衆議院議員総選挙では中立の推薦者ながら福田五郎が当選を果たすとともに、一九一六年に設立された佐賀紡績株式会社の経営再建もこの頃、武藤に託された。しかしながら佐賀紡績は、鐘紡ではなく、やはり武藤が再建依頼を受けた関係から、彼の影響力が強かった錦華紡績株式会社により、一九二八年に買収される形での再建となった。

この佐賀紡績は、佐賀や長崎といった地元の財界人と、鈴木商店の出資により設立された企業であった。第一次世界大戦中の建設であり、品不足のため、インドの紡績工場で用いられていた中古の紡績機械が鈴木商店により輸入され、据え付けられたが、鐘紡の経営信条でもあった良品生産主義に沿ってそれらは一掃され、新鋭工場として再生した。

錦華紡績株式会社は、一九二六年に金沢紡績株式会社と浪速紡織株式会社の合併により設立されるが、両社とも武藤に再建を依頼した経緯があり、金沢紡績には鐘紡の佐藤暦治郎、そして浪速紡織には同じく酒井宗吉を送り込んでいた。さらに金沢紡績からの依頼の契機は、彼と三井銀行や三井合名会社の経営にかかわった早川千吉郎と武藤とのかつての縁故によるものであった。早川の出身地は金沢で、一九一七年のこの会社設立に関与した。また浪速紡織は、やはり武藤との関係が深かった綿糸商の八木商店により、一九一二年に設立された企業であった。

その後、錦華紡績は一九四一年に日出紡織、出雲製織、和歌山紡織との四社合併により大和紡績株式会社となるが、その初代社長にも鐘紡出身の加藤正人がついた。そして近年においては、武藤の孫にあたる武藤治太氏が、一九九二年より代表取締役社長等をつとめた。

戦前の鐘紡は、工場の新設以外に、紡績会社や製糸会社等を買収・合併することで、事業規模を拡大してきた経緯があり、また、南米拓殖株式会社の移民募集や、彼の政治活動も全国にまたがったことから、鐘紡や南拓、そして実業同志会・国民同志会の活動等を掘り下げてみると、国内に限っても、彼にまつわる多くの地域史や後世への影響があろう。

武藤山治略年譜

西暦（元号）	年齢	事項
一八六七（慶応　三）年	〇	三月一日　尾州海部郡鍋田村字松名新田の母の実家・佐野治右衛門邸において誕生 生家は、現在の岐阜県海津市平田町蛇池で、佐久間国三郎、たねの長男
一八七三（明治　六）年	六	生家近くの岐阜県今尾町小学校入学
一八八〇（　一三）年	一三	五月　慶應義塾（幼稚舎）入学（一八八一年九月に本科へ進学）
一八八四（　一七）年	一七	七月　慶應義塾卒業
一八八五（　一八）年	一八	一月　渡米　のちにカリフォルニア州サンノゼにあったパシフィック大学で苦学する
一八八七（　二〇）年	二〇	帰国　武藤姓に改姓 各新聞広告取扱所及び博聞雑誌社の開業 『米国移住論』刊行 横浜にあった英字新聞社のジャパン・ガゼットに入社
一八八八（　二一）年	二一	イリス商会に入社
一八九三（　二六）年	二六	一月　三井銀行に入社　七月　神戸支店副支配人に就任
一八九四（　二七）年	二七	四月　鐘淵紡績株式会社に入社　兵庫支店支配人に就任
一八九五（　二八）年	二八	四月　渥美千世子と結婚

一八九六（二九）年	二九	九月　兵庫支店操業開始　一〇月　中央綿糸紡績業同盟会との間に紛争がおこる
一八九八（三一）年	三一	三月　中国紡績の視察のため上海へ出張
一九〇〇（三三）年	三三	一月　鐘紡全社の支配人に就任 義和団事件にともなう金融難
一九〇一（三四）年	三四	一〇月　中上川彦次郎逝去
一九〇二（三五）年	三五	一二月『紡績大合同論』刊行 九州一帯においても合併を進める（一〇月　中津紡績、九州紡績　一月　博多絹糸紡績の各株式会社）
一九〇三（三六）年	三六	見本及び懸賞試験により宣伝につとめる 六月　注意箱の設置と社内報発行
一九〇四（三七）年	三七	三井銀行から融資を拒否され、三菱銀行との関係を深める
一九〇五（三八）年	三八	五月　鐘紡共済組合設立 三井銀行関係の鐘紡株売却と呉錦堂による買取り 九月　鐘紡職工学校開校
一九〇六（三九）年	三九	一〇月　兵庫支店における織布試験工場の操業開始 一二月　鈴木久五郎による鐘紡株買占事件の発生
一九〇七（四〇）年	四〇	一月　鐘紡の支配人を辞職　鈴木による鐘紡倍額増資　やがて鈴木は破産
一九〇八（四一）年	四一	一月　鐘紡への再入社、専務取締役に就任　民間企業初の外資導入（フランス商工銀行より二〇〇万円）

一九一四（大正 三）年	四七	軍事救護法の制定に努力（一九一七年交布、一九一八年施行、一九三一年改正）
一九一六（ 五）年	四九	淀川工場の建設（一九一八年に操業開始）により漂白染色加工に着手
一九一八（ 七）年	五一	株式七割配当を実施（～一九二三年）
一九一九（ 八）年	五二	二月　大日本実業組合連合会の創立、委員長に就任 八月　吉野作造と論争 一〇月　ワシントンにおける第一回国際労働会議に雇主側代表として参加（翌年一月帰朝）
一九二〇（ 九）年	五三	河上肇と論争
一九二一（ 一〇）年	五四	五月　上海、漢口方面における視察 七月　鐘紡の取締役社長に就任　定款変更
一九二二（ 一一）年	五五	八月　新聞紙上等で井上準之助日銀総裁に論争を挑む
一九二三（ 一二）年	五六	四月　実業同志会の創立、会長に就任
一九二四（ 一三）年	五七	五月　衆議院議員に当選（同志会からは八名及び公認三名の計一一名が当選） 第四九特別議会で浜口雄幸蔵相と論争
一九二六（ 一五）年	五九	『実業読本』刊行　『実業政治』刊行 第五二議会で震災手形法案及び台湾銀行救済について政府を追及
一九二八（昭和 三）年	六一	二月　衆議院議員に再当選（同志会からは四名当選） 四月　政実協定　南米拓殖株式会社の発起人総代に就任　八月　同社創立

一九二九（四）年	六二	四月　救護法公布（一九三二年一月施行）　実業同志会を国民同志会と改称
一九三〇（五）年	六三	一月　鐘紡の取締役社長を退任、相談役に就任 二月　衆議院議員に三度目の当選（同志会からは六名当選） 四月　鐘紡争議（～六月） 第五八特別議会で金解禁に反対して、井上準之助蔵相と論争
一九三二（七）年	六五	一月　議会解散　議員立候補中止を表明 四月　時事新報社の再建に乗り出し、五月より「経営担当者」に就任 七月　南米拓殖株式会社相談役に就任
一九三三（八）年	六六	四月　社団法人国民会館会長に就任 八月　財団法人大里児童育成会理事長に就任
一九三四（九）年	六七	一月　『時事新報』紙上に「番町会を暴く」の記事を連載 三月九日　北鎌倉で出勤途上暴漢に狙撃され、翌一〇日逝去 三月一四日　正五位が追贈される

武藤山治主著目録

『米国移住論』丸善書舗、一八八七年
『博聞雑誌』博聞雑誌社、一八八七年
『紡績大合同論』大日本綿糸紡績同業連合会、一九〇一年
『政治一新論』ダイヤモンド社、一九二一年
『政界革新運動と実業同志会』実業同志会、一九二三年
『通俗政治経済問答』実業同志会、一九二三年
『政治改造運動』改造社、一九二四年
『醒めたる力』実業同志会、一九二四年
『実業読本』日本評論社、一九二六年
『普選のススメ』日本評論社、一九二六年
『実業政治』日本評論社、一九二六年
『実業政治参考資料』日本評論社、一九二七年
『軍人優遇論』ダイヤモンド社、一九二七年
『絵入小学読本』実業同志会政治教育部、一九二八年
『経済小言』ダイヤモンド社、一九二九年
『井上蔵相の錯覚』東洋経済新報社、一九三〇年
『続経済小言』改造社、一九三一年
『金輸出再禁止』千倉書房、一九三一年
『我財界の緊急対策』千倉書房、一九三二年

『武藤山治百話』大日本雄弁会講談社、一九三三年
『思ふまゝ』ダイヤモンド社、一九三三年
『私の身の上話』武藤家、一九三四年
『通俗実経済の話』時事新報社、一九三四年
武藤山治全集刊行会『武藤山治全集　第一～八巻・増補』新樹社、一九六三～一九六八年

主要参考文献

阿部武司「綿業――戦間期における紡績企業の動向を中心に――」（武田晴人編『日本産業発展のダイナミズム』東京大学出版会、一九九五年
阿部武司『近代大阪経済史』大阪大学出版会、二〇〇六年
有竹修二『武藤山治』時事通信社、一九六二年
池田成彬『故人今人』世界の日本社、一九四九年
『石橋湛山全集　第六巻』東洋経済新報社、一九七一年
入交好脩『武藤山治』吉川弘文館、一九六四年
植松忠博『武藤山治の思想と実践』国民会館叢書八、二〇〇六年
江口圭一『都市小ブルジョア運動史の研究』未来社、一九七六年
岡崎一「武藤山治と英米文学――ある大実業家の英米文学受容・紹介について――（一）・（二）」（東京都立商科短期大学経営学科『経済論集』第二一・二二号、一九九三年・一九九四年）
岡本幸雄『明治期紡績労働関係史――日本的雇用・労使関係形成への接近――』九州大学出版会、一九九三年
金沢幾子編『福田徳三書誌』日本経済評論社、二〇一一年

『鐘淵紡績株式会社従業員待遇法』一九二一年
鐘紡製糸四十年史編纂委員会『鐘紡製糸四十年史』一九六五年
鐘紡社史編纂室編「鐘紡の八十年　原稿」
鐘紡株式会社社史編纂室『鐘紡百年史』一九八八年
金太仁作『軍事救護法と武藤山治』国民会館公民講座部、一九三五年
川井充「従業員の利益と株主利益は両立しうるか？——鐘紡における武藤山治の企業統治——」『経営史学』第四〇巻第二号、二〇〇五年
河合哲雄『平生釟三郎』羽田書店、一九五二年
『河上肇全集　一二』岩波書店、一九八三年
川口浩「『番頭』武藤山治——鐘紡専心期（一八九四～一九一八）を中心に——」（川口浩編『日本の経済思想世界——「十九世紀」の企業者・政策者・知識人——』日本経済評論社、二〇〇四年）
喜多貞吉編『和田豊治伝』一九二六年（『人物で読む日本経済史　第六巻　和田豊治伝』ゆまに書房、一九九八年）
絹川太一『本邦綿糸紡績史　第四巻』日本綿業倶楽部、一九三九年
桑原哲也『企業国際化の史的分析』森山書店、一九九〇年
桑原哲也「日本における近代的工場管理の形成（上）・（下）」（京都産業大学経済経営学会『経済経営論叢』第二七巻第四号・第二八巻第一号、一九九三年）
桑原哲也「武藤山治と大原孫三郎——紡績業の発展と労務管理の革新」（佐々木聡編『日本の企業家群像Ⅱ——革新と社会貢献——』丸善、二〇〇三年）
小池和男『高品質日本の起源——発言する職場はこうして生まれた——』日本経済新聞出版社、二〇一二年
『公民講座——武藤山治氏追悼号——』国民会館、一九三四年

『国史大辞典　各巻』、吉川弘文館、一九七九～一九九七年（加藤幸三郎「朝吹英二」、森川英正「中上川彦次郎」、江口圭一「番町会」、佐々木隆「帝人事件」ほか）
小早川洋一「武藤山治――『独立自尊』の専門経営者の旗手」（由井常彦・三上敦史・小早川洋一・四宮俊之・宇田川勝『日本の企業家（二）――大正篇――』有斐閣、一九七八年）
佐々木聡『科学的管理法の日本的展開』有斐閣、一九九八年
澤野廣史『恐慌を生き抜いた男――評伝・武藤山治――』新潮社、一九九八年
澤開進「武藤山治とその新聞理念――『時事新報』の教訓――」（『専修人文論集』第一五号、一九七五年）
塩田庄兵衛「ストライキの季節――鐘紡争議――」（朝日ジャーナル編『昭和史の瞬間　上』朝日新聞社、一九六六年）
信夫清三郎『大正デモクラシー史　Ⅲ』日本評論社、一九五九年
柴田敬次郎『救護法実施促進運動史』巌松堂、一九四〇年
『渋沢栄一伝記資料　第一〇巻・五五巻』一九五六年・一九六四年
財団法人渋沢栄一記念財団渋沢史料館『日本人を南米に発展せしむ――日本人のブラジル移住と渋沢栄一――』二〇〇八年
（内務省）社会局保険部編『健康保険法施行経過記録』一九三五年
社会保障研究所編『日本社会保障前史資料　第四巻　Ⅲ社会事業（上）』至誠堂、一九八二年
『杉道助追悼録（上）・（下）』一九六五年
『大和紡績三〇年史』一九七一年
『ダイワボウ六〇年史』二〇〇一年
高村直助『日本紡績業史序説　下』塙書房、一九七一年
高村直助『近代日本綿業と中国』東京大学出版会、一九八二年

武内成『明治期三井と慶應義塾卒業生』文眞堂、一九九五年
田中久雄叙勲記念出版会『風雪七十年』一九七六年
千葉三郎『創造に生きて――わが生涯のメモ――』カルチャー出版、一九七七年
長幸男『実業の思想　現代日本思想体系一一』筑摩書房、一九六四年
土屋喬雄『続日本経営理念史』日本経済新聞社、一九六七年
筒井芳太郎『武藤山治伝　武藤絲治伝』東洋書館、一九五七年
中川敬一郎・由井常彦編『経営哲学・経営理念（明治大正編）財界人思想全集一』ダイヤモンド社、一九六九年
中川敬一郎『比較経営史序説』東京大学出版会、一九八一年
中村隆英『昭和恐慌と経済政策』講談社、一九九四年（底本は同著『経済政策の運命』日本経済新聞社、一九六七年）
西沢保「大正デモクラシーと産業民主主義・企業民主主義の展開」（南亮進・中村政則・西沢保編『大正デモクラシーの崩壊と再生――学際的接近』日本経済評論社、一九九八年）
西沢保『マーシャルと歴史学派の経済思想』岩波書店、二〇〇七年
日本近現代史辞典編集委員会編『日本近現代史辞典』東洋経済新報社、一九七八年（渡部徹「台湾銀行救済問題」ほか）
「武藤山治――温情経営で『鐘紡王国』・独立自尊追い求めた闘士――」（『日本経済新聞』一九九九年七月五日、日本経済新聞社編『二〇世紀日本の経済人』日本経済新聞社、二〇〇〇年、にも所収）
日本経営史研究所編『中上川彦次郎伝記資料』東洋経済新報社、一九六九年
日本労働協会調査研究部『わが国労務管理史の一様相（Ⅰ）――鐘紡における労務管理の変遷――』労務管理史料編纂会、一九六〇年

野中雅士『鐘紡の解剖』日本書院、一九三〇年
間宏『日本労務管理史研究』ダイヤモンド社、一九六四年
間宏『日本における労使協調の底流』早稲田大学出版部、一九七八年
間宏「日本における産業化初期の経営理念――国際比較の理論的枠組を求めて――」(『経営史学』第二五巻第二号、一九九〇年)
『平田町史　上巻・下巻』臨川書店、一九八七年(原書は一九六四年刊行)
福沢諭吉事典編集委員会編『福沢諭吉事典』慶應義塾大学出版会、二〇一〇年
『婦人と生活――武藤山治氏追悼録――』一九三四年
松浦正孝『財界の政治経済史』東京大学出版会、二〇〇二年
『松下幸之助発言集　一三・一五・一九・二六・三六・四三』PHP研究所、一九九一〜一九九三年
松田尚士『武藤山治と時事新報』国民会館叢書五三、二〇〇六年
松田尚士『政治を改革する男――鐘紡の武藤山治――』国民会館叢書八二、二〇〇九年
松田尚士『武藤千世子の生涯と武藤絲治鐘紡社長誕生の経緯』国民会館叢書八八、二〇一一年
松村敏・阿部武司「和田豊治と富士瓦斯紡績会社」(慶應義塾福沢研究センター『近代日本研究』第一〇巻、一九八五年)
三戸公『家の論理2――日本的経営の成立――』文眞堂、一九九一年
宮本又郎『日本企業経営史研究――人と制度と戦略と――』有斐閣、二〇一〇年
武藤治太『武藤山治の足跡』国民会館叢書七〇、二〇〇七年
武藤治太・山本長次「武藤山治の経営と生涯」(『佐賀大学経済論集』第四〇巻第五号、二〇〇八年)
村上はつ「鐘淵紡績会社」(山口和雄編著『日本産業金融史研究　紡績金融編』東京大学出版会、一九七〇年)
山谷正義「実業同志会についての一考察――一九二八年の『政実協定』を中心に――」(『歴史評論』第二七

五号、一九七三年）
山本長次「武藤山治の経営理念の形成と確立」（國學院大學大学院『経済論集』第一九号、一九九〇年）
山本長次「『温情主義』と労働者の権利――武藤山治の経営理念の一考察――」（國學院大學『経済学研究』第二二輯、一九九一年）
山本長次「財界人・武藤山治の政治革新運動――大日本実業組合連合会における活動と実業同志会の結成――」（國學院大學『経済学研究』第二三・二四輯、一九九三年）
山本長次「武藤山治の経済的『自由主義』と震災手形問題」（『國學院大學紀要』第三二巻、一九九四年）
山本長次「武藤山治の政界活動と救護法」（『佐賀大学経済論集』第二七巻第六号、一九九五年）
山本長次「武藤山治の労務管理思想と社会保障思想」（『経営哲学論集』第一三集、一九九七年）
山本長次「戦間期における佐賀経済と中央の大資本との関係」（佐賀大学・佐賀学創成プロジェクト編『佐賀学』花乱社、二〇一一年）
山本長次「武藤山治の経営哲学」（経営哲学学会編『経営哲学の授業』ＰＨＰ研究所、二〇一二年）
山本長次「武藤山治と南米拓殖株式会社の設立」（公益財団法人渋沢栄一記念財団研究部編『実業家とブラジル移住』不二出版、二〇一二年）
由井常彦「戦間期日本の大工業企業の経営組織――鐘淵紡績・東洋紡績・大日本麦酒および王子製紙の事例研究――」（中川敬一郎編『企業経営の歴史的研究』岩波書店、一九九〇年）
吉野作造「資本家の労働問題観――武藤山治氏の『吾国労働問題解決法』を読む――」（『中央公論』第三十四年第十号、一九一九年）
Ｒ・リッカート（三隅二不二訳）『組織の行動科学――ヒューマン・オーガニゼーションの管理と価値――』ダイヤモンド社、一九六八年

や行

ら行

わ行

人名索引

あ行

か行

さ行

た行

【著者紹介】
山本長次（やまもと・ちょうじ）
1962年：横浜に生まれる
1993年：國學院大學大学院経済学研究科後期博士課程単位取得退学
現在：佐賀大学経済学部准教授
主要著書：共著『鳥栖市誌　第4巻　近代・現代編』2009年、共著『佐賀学』花乱社、2011年、共著『実業家とブラジル移住』不二出版、2012年

武藤山治　　〈評伝・日本の経済思想〉
日本的経営の祖

2013年8月26日　第1刷発行　定価（本体2500円＋税）

著　者　山　本　長　次
発行者　栗　原　哲　也

発行所　株式会社　日本経済評論社
〒101-0051　東京都千代田区神田神保町3-2
電話　03-3230-1661　FAX　03-3265-2993
info8188@nikkeihyo.co.jp
URL: http://www.nikkeihyo.co.jp

装幀＊渡辺美知子　印刷＊文昇堂・製本＊誠製本

乱丁落丁はお取替えいたします。　Printed in Japan

ISBN978-4-8188-2282-5

【本シリーズと日本経済思想史学会】

〈評伝 日本の経済思想〉は、日本経済思想史学会が母体となって刊行しているシリーズです。

この学会は、一九八三年に、故逆井孝仁教授（立教大学）を中心に数名の若手研究者が集まって始めた日本経済思想史研究会が前身ですが、三〇年におよぶ活動の蓄積を踏まえ、二〇一二年に日本経済思想史学会へと名称を変更しました。

本会の発足当時は、日本経済史における思想あるいは経済主体の役割についての研究は必ずしも十分ではなく、また経済学史・経済思想史研究も欧米の事例に片寄りがちでした。本会は、そのような中で、日本経済思想史という分野の発展のために努力を続けて参りました。本シリーズもその一環であり、日本経済思想史研究の活性化を願って、二〇〇八年より順次刊行されております。

経済思想を主題としながらも「評伝」という形をとっているのは、専門家だけでなく広く一般の方々にも「思想」というものに親しみやすく触れていただくことを目的としたからです。また、思想を理解するには、それを生み出した担い手の生活や人生、あるいは時代背景の中に置いてみることが重要だと考えているからでもあります。思想は学者や思想家のみのものではありません。こうした考えから本シリーズでは、経済学者だけにとらわれずに、官僚、政治家、実業家も担い手として取り上げました。そこに一つの特色があるかと存じます。

右のような狙いを持つ本シリーズの刊行により、日本の内外を問わず、日本経済思想史により一層の関心が拡大することを願ってやみません。本シリーズをさらに充実したものにするためにも、読者諸賢より多くのご批判、ご感想を頂戴できましたら幸甚です。

二〇一三年六月　日本経済思想史学会

▶評伝・日本の経済思想◀

寺出道雄（慶應義塾大学）『山田盛太郎』＊
池尾愛子（早稲田大学）『赤松　要』＊
中村宗悦（大東文化大学）『後藤文夫』＊
上久保敏（大阪工業大学）『下村　治』＊
落合　功（広島修道大学）『大久保利通』＊
藤井隆至（新潟大学）『柳田国男』＊
大森一宏（駿河台大学）『森村市左衛門』＊
見城悌治（千葉大学）『渋沢栄一』＊
齋藤　憲（専修大学）『大河内正敏』＊
清水　元（早稲田大学）『北　一輝』＊
西沢　保（一橋大学）『福田徳三』
小室正紀（慶應義塾大学）『福澤諭吉』
仁木良和（立教大学）『岡田良一郎』
川崎　勝（南山大学）『田口卯吉』
山本長次（佐賀大学）『武藤山治』＊
牧野邦昭（摂南大学）『柴田　敬』

＊印は既刊